Rückstellungen nach IFRS

Schriftenreihe der **MEYER STIFTUNG**

Herausgegeben von
Prof. Dr. Claus Meyer

Band 7

Friederike Maier

Rückstellungen nach IFRS

Kritische Analyse und aktuelle Entwicklungen
unter besonderer Beachtung von Entsorgungs-
und Wiederherstellungsverpflichtungen

Verlag Wissenschaft & Praxis

Bibliografische Information der Deutschen Bibliothek
Die Deutsche Bibliothek verzeichnet diese Publikation in der
Deutschen Nationalbibliografie; detaillierte bibliografische Daten
sind im Internet über http://dnb.ddb.de abrufbar.

ISBN 978-3-89673-515-7
© Verlag Wissenschaft & Praxis
Dr. Brauner GmbH 2009
D-75447 Sternenfels, Nußbaumweg 6
Tel. 07045/930093 Fax 07045/930094

Alle Rechte vorbehalten

Das Werk einschließlich aller seiner Teile ist urheberrechtlich geschützt. Jede Verwertung außerhalb der engen Grenzen des Urheberrechtsgesetzes ist ohne Zustimmung des Verlages unzulässig und strafbar. Das gilt insbesondere für Vervielfältigungen, Übersetzungen, Mikroverfilmungen und die Einspeicherung und Verarbeitung in elektronischen Systemen.

Printed in Germany

Geleitwort

Die Claus und Brigitte Meyer-Stiftung lobt den Thomas-Gulden-Preis zur Erinnerung an den im Alter von 25 Jahren an einer unheilbaren Krankheit verstorbenen ehemaligen Studenten Thomas Gulden für besondere Leistungen aus.

Zum Ende des Sommersemesters 2005 wurde der Preis erstmals verliehen. Im Wintersemester 2008/2009 wird Frau Friederike Maier (Studiengang Master of Arts in International Finance and Accounting) für ihre exzellente Master-Thesis mit dem Thomas-Gulden-Preis ausgezeichnet.

Die Claus und Brigitte Meyer-Stiftung veröffentlicht die Arbeiten der Preisträger in der Schriftenreihe der MEYER STIFTUNG. Die herausragende Master-Thesis von Frau Friederike Maier beschäftigt sich mit dem Thema „Rückstellungen nach IFRS - Kritische Analyse und aktuelle Entwicklungen unter besonderer Beachtung von Entsorgungs- und Wiederherstellungsverpflichtungen." Die ungewöhnlich detaillierte Auswertung der gesamten einschlägigen betriebswirtschaftlichen Literatur ist besonders zu würdigen.

Frau Prof. Dr. Ulrike Eidel betreute diese Master-Thesis. Ihre fundierten und umfangreichen Kenntnisse der nationalen und insbesondere der internationalen Rechnungslegung haben durch die Begleitung bei der Ausarbeitung wesentlich zum Gelingen der Arbeit beigetragen.

Die Claus und Brigitte Meyer-Stiftung freut sich, die ausgezeichnete Master-Thesis als siebten Band der Schriftenreihe veröffentlichen zu können.

Für die großzügige Unterstützung bei der Herausgabe der Schriftenreihe bedanken wir uns herzlich bei Herrn Dr. Brauner vom Verlag Wissenschaft und Praxis.

Stuttgart, im März 2009

Prof. Dr. Claus Meyer

MEYER STIFTUNG

Die Claus und Brigitte Meyer-Stiftung ist eine rechtsfähige und gemeinnützige Stiftung bürgerlichen Rechts mit Sitz in Stuttgart, die am 21. April 2005 vom Regierungspräsidium Stuttgart als Stiftungsbehörde anerkannt wurde. Der Zweck der Stiftung wird verwirklicht durch die Förderung von Wissenschaft und Forschung, der Bildung und Erziehung und der Unterstützung bedürftiger Studierender der Hochschule Pforzheim. Er wird insbesondere realisiert durch:

- die Verleihung des Thomas-Gulden-Preises für hervorragende Studienleistungen und/oder eine ausgezeichnete Diplom-/Masterarbeit aus dem Gebiet des Controlling, Finanz- und Rechnungswesen an einen oder mehrere Studierende.

  Thomas Gulden wurde am 15. März 1978 geboren. Er studierte an der Hochschule Pforzheim im Studiengang Betriebswirtschaft/Controlling, Finanz- und Rechnungswesen und schloss mit der Gesamtnote „sehr gut" ab. Aufgrund einer angeborenen und fortschreitenden Muskelerkrankung saß Thomas Gulden seit seinem 10. Lebensjahr im Rollstuhl. Er verstarb am 11. April 2003 an der tödlichen Erkrankung, deren Verlauf er kannte. Posthum wurde Thomas Gulden für seine herausragende und der Note 1,0 bewerteten Diplomarbeit mit einem Förderpreis ausgezeichnet. Seinem Wunsch entsprechend wurden mit diesem Preis, wie mit seinem gesamten Vermögen, humanitäre Organisationen unterstützt.

- die Vergabe von Zuschüssen und Ähnlichem an Studierende, insbesondere an in Not geratene, zur Fortsetzung und erfolgreichem Abschluss ihres Studiums.

Claus und Brigitte Meyer-Stiftung

Adresse: Bernsteinstr. 102, 70619 Stuttgart
Telefon/Fax: 0711/4411488
E-Mail: claus.meyer@meyer-stiftung.de
Internet: www.meyer-stiftung.de
Konto: Baden-Württembergische Bank, Nr. 498 04 94, BLZ: 600 501 01

Vorwort

Die vorliegende Arbeit wurde als Master-Thesis zur Erlangung des Master of Arts in International Finance and Accounting an der Graduate School der Hochschule Pforzheim eingereicht und angenommen. Die Arbeit wurde im September 2008 abgeschlossen und im März 2009 zur Veröffentlichung vorbereitet.

Für die Verleihung des Thomas-Gulden-Preises möchte ich mich bei Herrn Professor Dr. Claus Meyer und seiner Frau Brigitte Meyer sowie der MEYER STIFTUNG herzlich bedanken. Über diese Auszeichnung habe ich mich sehr gefreut.

Ich danke Frau Professor Dr. Ulrike Eidel für die Betreuung der Master-Thesis. Ihre engagierte Unterstützung und ihre Ratschläge, auch über fachliche Fragestellungen hinaus, haben wesentlich zum Gelingen der Arbeit beigetragen. Herrn Professor Dr. Thomas Joos danke ich für die Übernahme des Zweitgutachtens.

Besonders danken möchte ich meinen Eltern. Sie haben mich auf meinem bisherigen Lebensweg immer auf außergewöhnliche Weise unterstützt und meine Pläne und Vorhaben stets mitgetragen und gefördert. Ebenso gilt mein herzlicher Dank meinem Freund Dr. Markus Hablizel für seine Unterstützung und seinen Rückhalt während meines gesamten Studiums.

Köngen, im März 2009

Friederike Maier

Inhaltsverzeichnis

Abbildungsverzeichnis 12
Tabellenverzeichnis 13
Abkürzungsverzeichnis 14

1 Einleitung **17**
   1.1   Problemstellung 17
   1.2   Zielsetzung und Gang der Untersuchung 18

2 Grundlagen der Bilanzierung von Rückstellungen **21**
   2.1   Konzeptionelle Grundlagen zur Abbildung von Rückstellungen 21
       2.1.1   Ziele der Rechnungslegung nach IFRS 21
       2.1.2   Rückstellungen und deren bilanztheoretische Einordnung 23
       2.1.3   Entsorgungs- und Wiederherstellungsverpflichtungen vor dem Hintergrund der Bilanztheorien 27
   2.2   Grundlagen der Bilanzierung von Rückstellungen nach IFRS 30
       2.2.1   Bilanzierung von Rückstellungen nach IFRS 30
       2.2.2   Das Liabilities-Projekt des IASB 30

3 Bilanzierung von Rückstellungen nach IAS 37 .... **33**
   3.1   Anwendungsbereich und Rückstellungsbegriff 33
       3.1.1   Anwendungsbereich 33
       3.1.2   Begriff der Rückstellung 34
       3.1.3   Begriffliche Abgrenzung 36
       3.1.4   Präzisierung des Anwendungsbereichs und vereinheitlichte Terminologie nach ED IAS 37 38
   3.2   Der Wahrscheinlichkeitsbegriff 40

3.3	Ansatz	43
3.3.1	Gegenwärtige Verpflichtung aus einem Ereignis der Vergangenheit	43
3.3.1.1	Gegenwärtige rechtliche oder faktische Außenverpflichtung	43
3.3.1.2	Unentziehbarkeit auf Grund eines verpflichtenden Ereignisses der Vergangenheit	46
3.3.1.3	Verschärfung der Ansatzkriterien für faktische Verpflichtungen nach ED IAS 37	49
3.3.1.4	Passivierung einer Vollrückstellung für Entsorgungs- und Wiederherstellungsverpflichtungen	51
3.3.2	Wahrscheinlichkeit der Inanspruchnahme	53
3.3.2.1	Wahrscheinlicher Abfluss von Ressourcen mit wirtschaftlichem Nutzen	53
3.3.2.2	Ansatz von unbedingten Verpflichtungen nach ED IAS 37	54
3.3.2.3	Sichere Inanspruchnahme bei Entsorgungs- und Wiederherstellungsverpflichtungen	58
3.3.3	Verlässliche Schätzbarkeit	58
3.3.3.1	Verlässliche Schätzbarkeit der Verpflichtungshöhe	58
3.3.3.2	Verlässliche Schätzbarkeit möglicher Werte bei Entsorgungs- und Wiederherstellungsverpflichtungen	59
3.4	Bewertung bei erstmaligem Ansatz	60
3.4.1	Bewertungsbasis	60
3.4.1.1	Bestmögliche Schätzung der künftigen Ausgaben	60
3.4.1.2	Erwartungswert nach ED IAS 37	62
3.4.1.3	Schätzungsgrundlage bei Entsorgungs- und Wiederherstellungsverpflichtungen	64
3.4.2	Künftige Ereignisse	67
3.4.2.1	Vorliegen objektiver Hinweise auf künftige Ereignisse	67
3.4.2.2	Berücksichtigung der Wahrscheinlichkeit künftiger Ereignisse nach ED IAS 37	68
3.4.2.3	Besondere Relevanz künftiger Ereignisse bei Entsorgungs- und Wiederherstellungsverpflichtungen	68
3.4.3	Abzinsung	69
3.4.3.1	Abzinsung des Erfüllungsbetrages bei wesentlichen Auswirkungen	69
3.4.3.2	Abzinsung des Erfüllungsbetrages nach ED IAS 37	72
3.4.3.3	Notwendige Abzinsung von Entsorgungs- und Wiederherstellungsverpflichtungen	73

Inhaltsverzeichnis

3.4.4	Erstattungsansprüche und Veräußerungsgewinne	74
3.4.4.1	Hinreichend sichere Erstattungsansprüche und Veräußerungsgewinne	74
3.4.4.2	Unbedingte Ansprüche nach ED IAS 37	76
3.4.4.3	Mögliche Erstattungsansprüche bei Entsorgungs- und Wiederherstellungsverpflichtungen	76
3.5	Aktivierung von Entsorgungs- und Wiederherstellungsausgaben	78
3.6	Folgebewertung und Ausbuchung	83
3.6.1	Anpassung, Verbrauch und Auflösung von Rückstellungen	83
3.6.2	Bilanzierung von Änderungen bestehender Entsorgungs- und Wiederherstellungsverpflichtungen	84
3.6.2.1	Folgebewertung bei Anwendung des Anschaffungskostenmodells	84
3.6.2.2	Folgebewertung bei Anwendung des Neubewertungsmodells	88

4 Kritische Würdigung 93

4.1	Ermessensspielräume bei der Rückstellungsbilanzierung nach IAS 37	93
4.2	Veränderte Bedeutung der Eintrittswahrscheinlichkeit	95
4.3	Umsetzung der angestrebten Ziele durch das Liabilities-Projekt	99
4.4	Konzept der erfolgsneutralen Aktivierung von Entsorgungs- und Wiederherstellungsverpflichtungen	100

5 Schlussbetrachtung 105

Anhangsverzeichnis 107
Literaturverzeichnis 125
Verzeichnis der Stellungnahmen 139
Stichwortverzeichnis 141

Abbildungsverzeichnis

Abbildung 1: System allgemeiner Rechnungslegungsgrundsätze nach IFRS 23

Abbildung 2: Erfolgswirksame Passivierung einer Vollrückstellung 28

Abbildung 3: Erfolgswirksame Passivierung einer Ansammlungsrückstellung 29

Abbildung 4: Begriffsabgrenzung 38

Abbildung 5: Neues Ansatzkonzept für Rückstellungen 55

Abbildung 6: Erfolgsneutrale Passivierung einer Vollrückstellung 80

Tabellenverzeichnis

Tabelle 1: Bewertung einer Einzelverpflichtung nach ED IAS 37 62

Tabelle 2: Risikoberücksichtigung im Zinssatz 70

Tabelle 3: Nominal- versus Realzins 72

Tabelle 4: Aktivierung von Entsorgungs- und Wiederherstellungsausgaben 79

Tabelle 5: Systematik zur Überprüfung der Aktivierungspflicht 80

Tabelle 6: Ermittlung des erwarteten Zahlungsmittelabflusses 85

Tabelle 7: Aktivierung der Stilllegungs- und Entsorgungsausgaben 85

Tabelle 8: Entwicklung der Abschlussposten 86

Tabelle 9: Ergebniswirksame Erfassung 86

Tabelle 10: Entwicklung der Abschlussposten bei Anwendung des Anschaffungkostenmodells 87

Tabelle 11: Entwicklung der Abschlussposten bei Anwendung des Neubewertungsmodells 90

Abkürzungsverzeichnis

AG	Aktiengesellschaft
AK	Anschaffungskosten
App	Appendix
AtG	Gesetz über die friedliche Verwendung der Kernenergie und den Schutz gegen ihre Gefahren (kurz: Atomgesetz)
AV	Alternative View
BC	Basis for Conclusions
BFH	Bundesfinanzhof
Deloitte	Deloitte Touche Tohmatsu International
DRSC	Deutsches Rechnungslegungs Standards Committee e.V.
EBIT	Earnings before interest and taxes
ED	Exposure Draft
ED IAS 37	Exposure Draft of Proposed Amendments to IAS 37 Provisions, Contingent Liabilities and Contingent Assets and IAS 19 Employee Benefits
EFRAG	European Financial Reporting Advisory Group
EnBW AG	Energie Baden-Württemberg AG
Ernst & Young	Ernst & Young LLP
EW	Erwartungswert
F	Framework for the Preparation and Presentation of Financial Statements
FASB	Financial Accounting Standards Board
GE	Geldeinheiten
h. M.	herrschender Meinung
HGB	Handelsgesetzbuch
HK	Herstellungskosten
i	Nominalzins
i. e. S.	im engeren Sinne
IAS	International Accounting Standards
IASB	International Accounting Standards Board
IASC	International Accounting Standards Committee

Abkürzungsverzeichnis

IASCF	International Accounting Standards Committee Foundation
IDW	Institut der Wirtschaftsprüfer
IE	Illustrative Examples
IFRIC	International Financial Reporting Interpretations Committee
IFRS	International Financial Reporting Standards
IG	Implementation Guidance
KEG	Kernenergiegesetz (beschlossen von der Bundesversammlung der Schweizerischen Eidgenossenschaft 2003)
KKW	Kernkraftwerk
KPMG	KPMG IFRG Limited
PwC	PricewaterhouseCoopers LLP
r	Realzins
Rdnr.	Randnummer
SFAS	Statement of Financial Accounting Standards
T€	Tausend Euro
US - GAAP	United States - Generally Accepted Accounting Principles
π^e	Inflationsrate (erwartet)

1 Einleitung

1.1 Problemstellung

Bei Rückstellungen handelt es sich um Bilanzposten, die gleichsam schwierig wie bedeutsam sind. Ihr Inhalt ist umstritten und wird daher in der Literatur viel diskutiert.[1] Hinzu kommt, dass die Rechnungslegungsvorschriften zur Bilanzierung dieser zahlenmäßig sehr bedeutsamen Posten sowohl in der Vergangenheit wie auch aktuell hitzige Debatten auslösen und regelmäßig der Auslegung bedürfen. Dies ist in besonderem Maße bei den Vorgaben zur Bilanzierung von Rückstellungen in den Rechnungslegungsvorschriften des International Accounting Standards Boards (IASB) zu beobachten.

Die internationale Rechnungslegung war in den letzten Jahren einem erheblichen Wandel unterworfen, der noch nicht abgeschlossen ist. Dabei zeichnet sich die Entwicklung der International Financial Reporting Standards (IFRS) nicht nur durch die rasante Verabschiedung neuer Rechnungslegungsvorschriften und die Veränderung bestehender Regelungen aus. Eine große Rolle spielen hierbei auch die ausführlichen Diskussionen im Vorfeld der Verabschiedung neuer oder überarbeiteter Standards, bei denen nicht zuletzt Anwender die Möglichkeit haben sich zu äußern. Diese Rückmeldungen bewirkten etwa im Fall des Liabilities-Projekts, in dessen Mittelpunkt die Verabschiedung einer überarbeiteten Version des IAS 37 „Provisions, Contingent Liabilities and Contingent Assets" steht, eine erneute Beratungsrunde über die zuvor im Rahmen eines Exposure Drafts (ED) veröffentlichten Vorschläge. In Folge dessen zögert sich die Verabschiedung eines endgültigen Standards weiter hinaus und ist voraussichtlich nicht vor dem Jahr 2010 zu erwarten. Hierdurch wird die Komplexität dieser Sachverhalte und damit verbunden die Schwierigkeit, adäquate Bilanzierungsvorschriften zu entwickeln, deutlich.

Besondere praktische Relevanz kommt im Rahmen der Rückstellungsbilanzierung nach IFRS den Rückstellungen für Entsorgungs- und Wiederherstellungsverpflichtungen zu. Hierzu zählen nicht nur der Abbruch von Kernkraftwerken oder Ölbohrinseln, auch weniger spektakuläre Fälle, wie die Entfernung von Betriebs- und Geschäftsausstattungen, gehören zu diesen Sachverhalten und können daher jedes Unternehmen betreffen.[2] Bei diesen Verpflichtungen liegt zumeist ein hinreichend wahrscheinlicher Mittelabfluss vor, dessen genauer Betrag oder Fällig-

---

[1] Vgl. Coenenberg, A. (2006), S. 388.
[2] Vgl. Hommel, M./Wich, S. (2004), S. 17.

keitszeitpunkt jedoch nicht bekannt ist. Daher ist für diese Verpflichtungen nach IAS 37 eine Rückstellung zu bilden.[3] Hierbei kann es durch die Anwendung der IFRS zu einem deutlich höheren Ansatz als etwa bei der Bilanzierung dieser Sachverhalte nach den Regelungen des HGB kommen. Betrachtet man die drei großen IFRS-bilanzierenden Energieversorger in Deutschland, RWE, E.ON und EnBW, so bewegten sich bei diesen allein die Werte für Entsorgungsverpflichtungen aus dem Kernenergiebereich im Jahr 2007 in einer Größenordnung zwischen 4,6 und 13,8 Mrd. Euro. Dies entspricht bei den jeweiligen Unternehmen einem Anteil an der Bilanzsumme zwischen 10 % und 16 %.[4] Dabei ist die Frage der Bilanzierung solcher Verpflichtungen, die in vielen Fällen bereits rechtlich oder faktisch entstehen bevor die zugehörigen Vermögenswerte überhaupt genutzt werden und somit Erträge erwirtschaften, auch aus Sicht der klassischen Bilanztheorien nicht eindeutig zu beurteilen.

1.2 Zielsetzung und Gang der Untersuchung

Die bilanzielle Abbildung von Rückstellungen wird in der internationalen Rechnungslegung durch den Standard IAS 37 determiniert. Diese Regelungen sind teilweise auslegungsbedürftig und deren Anwendung ist nicht immer problemlos möglich. Ziel dieser Arbeit ist es, die IASB-Regelungen zur Bilanzierung von Rückstellungen darzulegen und dabei Unklarheiten sowie mögliche Ermessensspielräume kritisch herauszuarbeiten. Darüber hinaus sollen die Vorschläge des IASB für eine überarbeitete Rückstellungsbilanzierung analysiert werden. Da Entsorgungs- und Wiederherstellungsverpflichtungen eine große praktische Relevanz zukommt und sie nicht zuletzt aus bilanztheoretischer Sicht komplexe Züge aufweisen, wird die Anwendung der Regelungen des IAS 37 und IAS 16 „Property, Plant, Equipment" auf diese Sachverhalte aufgezeigt.

Hierzu werden zunächst die grundlegenden Ziele der IFRS-Rechnungslegung, die den Beurteilungsrahmen für die Rechnungslegungsvorschriften der einzelnen Standards bilden, dargelegt. Anschließend wird der Begriff der Rückstellungen betrachtet und deren Rolle vor dem Hintergrund der beiden in der angelsächsischen Literatur wichtigsten Bilanztheorien eingeordnet. Dabei sollen auch die Wesentlichkeitsthese und die Alimentationsthese kurz aufgeführt werden. Vor diesem Hintergrund soll insbesondere die Problematik der Bilanzierung von Entsorgungs- und Wiederherstellungsverpflichtungen ausgeführt werden. Den Abschluss dieser

---

[3] Vgl. Zülch, H./Willms, J. (2005), S. 1179.
[4] Vgl. EnBW AG (2007), S. 168 i. V. m. S. 127, RWE AG (2007), S. 184 i. V. m. S. 140; E.ON (2007), S. 177 i. V. m. S. 124.

1.2 Zielsetzung und Gang der Untersuchung

grundlegenden Betrachtungen bildet die Darstellung des Regelungsrahmens der Rückstellungsbilanzierung nach IFRS.

Kapitel 3 stellt das Hauptkapitel dar. Hier werden die Vorgaben des IAS 37 erläutert und zugleich Regelungsunschärfen herausgearbeitet. Die in IAS 37 behandelten speziellen Anwendungsbereiche, belastende Verträge, d. h. drohende Verluste aus schwebenden Geschäften, und Restrukturierungsmaßnahmen werden nicht abgebildet. Auch Eventualforderungen werden nicht eingehend betrachtet. Der Schwerpunkt liegt vielmehr auf den Regelungen, die für alle Arten unsicherer Verbindlichkeiten Anwendung finden und deren kritischer Hinterfragung. Auf Grund der großen Bedeutung des Wahrscheinlichkeitsbegriffs im Rahmen des Ansatzes unsicherer Verbindlichkeiten wird ein separates Unterkapitel der Frage der Auslegung dieses Begriffs gewidmet, bevor die einzelnen Ansatzkriterien genauer untersucht werden.

Den jeweiligen Regelungsbereichen des IAS 37 werden unmittelbar die Änderungsvorschläge, die das IASB mit der Veröffentlichung des ED IAS 37 präsentierte, gegenüber gestellt. Im Speziellen finden auch die Gründe des Boards für die Änderungsvorschläge und mögliche Problembereiche Berücksichtigung. Dabei werden auch die wesentlichen IASB-Beschlüsse, die als Reaktion auf die Rückmeldungen im Anschluss an die Veröffentlichung des IAS 37 gefasst wurden, berücksichtigt. Auf eine detaillierte Darstellung dieser Diskussionen des IASB wird hingegen verzichtet. Änderungsvorschläge, die IAS 19 „Employee Benefits" betreffen, werden ebenfalls nicht betrachtet.

Anschließend wird die Anwendung der entsprechenden Vorgaben bezüglich der Bilanzierung von Rückstellungen für Entsorgungs- und Wiederherstellungs- und ähnlichen Verpflichtungen erläutert. Das IASB subsumiert unter diesem Begriff verallgemeinernd sämtliche Maßnahmen, die ein Unternehmen im Anschluss an die Nutzung eines Vermögenswertes vornehmen muss.[5] Da diese sehr vielfältig auftreten, wird in der vorliegenden Arbeit verkürzt von Entsorgungs- und Wiederherstellungsverpflichtungen gesprochen. Hierdurch sollen alle möglichen Verpflichtungen, die den Abbau, Rückbau, die Entfernung oder Wiederherstellung eines Vermögenswertes oder dessen Standorts betreffen, eingeschlossen werden. In diesem Rahmen soll ebenfalls ein Einblick in potenzielle Praxisprobleme gewährt sowie die Relevanz einzelner Regelungen auf diese Verpflichtungen illustriert werden. Die hierzu verwendeten Beispiele gehen auf Grund der Größenordnung und Besonderheiten sowie der aktuellen Diskussionen insbesondere auf Verpflichtungen in Zusammenhang mit dem Betrieb von Kernkraftwerken ein. Die Betrachtung latenter Steuern bei Zahlenbeispielen erfolgt exemplarisch.

---

[5] Vgl. IFRIC 1.1.

Zum Abschluss werden die wesentlichen Punkte zusammenfassend einer kritischen Würdigung unterzogen. Dies geschieht vor dem Hintergrund der in Kapitel 2 dargelegten Ziele der IASB-Rechnungslegung. Hierbei liegt der Schwerpunkt auf den Änderungsvorschlägen des Liabilities-Projekts sowie der Bilanzierung von Entsorgungs- und Wiederherstellungsverpflichtungen.

2 Grundlagen der Bilanzierung von Rückstellungen

2.1 Konzeptionelle Grundlagen zur Abbildung von Rückstellungen

2.1.1 Ziele der Rechnungslegung nach IFRS

Das zentrale Ziel der IFRS-Rechnungslegung besteht in der Vermittlung entscheidungsrelevanter Informationen. So formuliert das Framework:

„The objective of financial statements is to provide information about the financial position, performance and changes in financial position of an entity that is useful to a wide range of users in making economic decisions."[6]

Durch den Abschluss soll ein den tatsächlichen Verhältnissen entsprechendes Bild der Vermögens-, Finanz- und Ertragslage („true and fair view") sowie der Cashflows eines Unternehmens vermittelt werden.[7] Diese Informationen ermöglichen Abschlussadressaten wirtschaftliche Entscheidungen zu treffen.[8] Darüber hinaus wird durch den Abschluss auch die Leistung des Managements ersichtlich, wodurch die Verwaltung des anvertrauten Vermögens beurteilt[9] und z.B. die Entscheidung über den Verkauf oder die Fortführung des Anteilsbesitzes getroffen werden kann. Besonders sollen Abschlüsse nach IFRS den Adressaten die Beurteilung der zukünftigen Entwicklung der Cashflows ermöglichen, da hiervon letztendlich die Befriedigung der Zahlungsansprüche und das Potenzial Ausschüttungen vorzunehmen abhängt.[10]

Der Adressatenkreis umfasst eine Vielzahl von Empfängern.[11] Dabei sind die Interessen dieser Adressaten inhomogen und es nicht möglich, die Informationsbedürfnisse aller gleichermaßen zu befriedigen. Daher unterstellt das IASB, dass die Informationsbedürfnisse der Investoren, die dem Unternehmen Risikokapital zur

---

[6] F.12.
[7] Vgl. IAS 1.13; F. 49.
[8] Vgl. F.12 i. V. m. IAS 1.7.
[9] Vgl. F.14; IAS 1.7.
[10] Vgl. F.15 i. V. m. KPMG Deutsche Treuhand-Gesellschaft AG (2007), S. 9 f. und Wagenhofer, A./Ewert, R. (2007), S. 5.
[11] Zum Adressatenkreis gehören nach F.9 derzeitige und potenzielle Investoren, Arbeitnehmer, Kreditgeber, Lieferanten und weitere Kreditoren, Kunden, Regierungen sowie Regierungsinstitutionen und die Öffentlichkeit. Vgl. KPMG Deutsche Treuhand-Gesellschaft AG (2007), S. 9.

Verfügung stellen, auch den Informationsbedürfnissen der meisten anderen Adressaten entsprechen.[12]

Um die Zielsetzung der Entscheidungsnützlichkeit (decision usefulness) der Finanzinformationen bestmöglich zu erfüllen, formuliert das Framework konkrete Rechnungslegungsgrundsätze, die es zu erfüllen gilt.[13] Dabei baut die Abschlusserstellung auf zwei Basisannahmen auf: dem Grundsatz der Unternehmensfortführung und dem der Periodenabgrenzung.[14] Darüber hinaus werden qualitative Anforderungen an die Abschlusserstellung gestellt, mit dem Ziel der Informationsvermittlungsfunktion gerecht zu werden.[15] Die Primärgrundsätze umfassen Verständlichkeit, Relevanz, Zuverlässigkeit und Vergleichbarkeit,[16] die durch weitere Sekundärgrundsätze und Nebenbedingungen konkretisiert werden. Dies zeigt nachfolgende Abbildung. Abschlüsse, die sich an diesen Grundsätzen orientieren, vermitteln nach Ansicht des IASB einen „true and fair view", auch „fair presentation" genannt.[17] Diese Generalnorm ist die grundsätzliche Anforderung an einen Abschluss und stellt ein so genanntes „overriding principle" dar,[18] da im Extremfall von den einzelnen Standards abgewichen werden muss um diesem Grundsatz gerecht zu werden.[19]

---

[12] F.10.
[13] Vgl. Coenenberg, A. (2006), S. 58.
[14] F.22 f.
[15] Vgl. F.24; Pellens, B./Fülbier, R. U./Gassen, J. (2008), S. 114.
[16] Vgl. F.25 f. i. V. m. F.31 und F.39.
[17] F.49; IAS 1.13.
[18] Vgl. Wagenhofer, A. (2005), S. 119.
[19] Vgl. IAS 1.17.

2.1 Konzeptionelle Grundlagen zur Abbildung von Rückstellungen

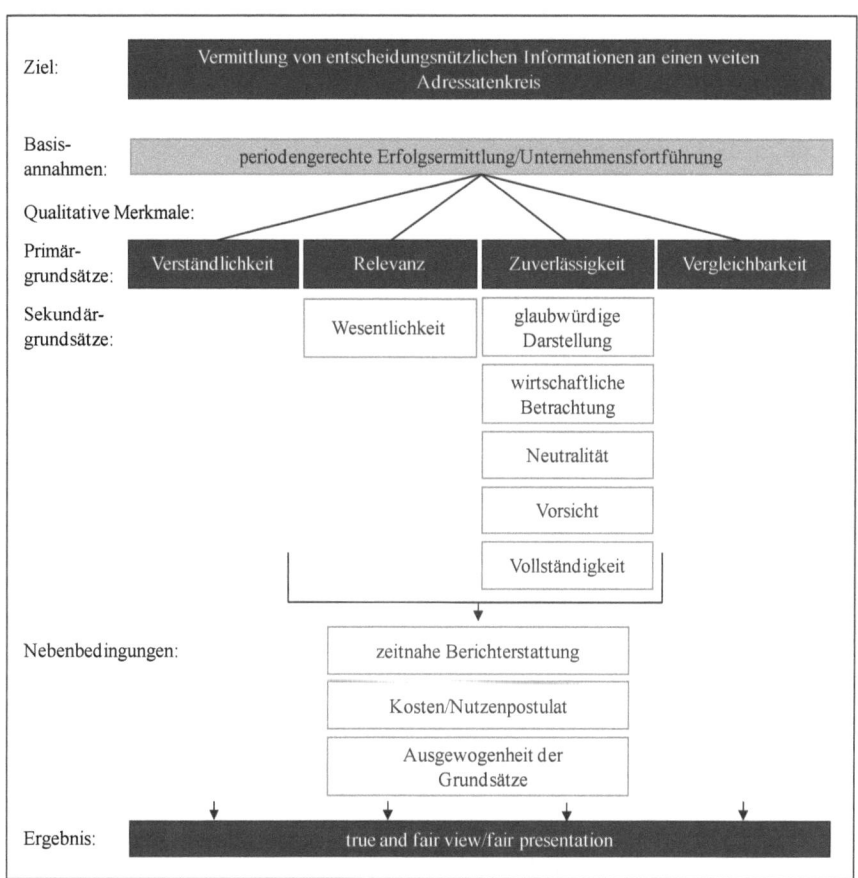

Abbildung 1: System allgemeiner Rechnungslegungsgrundsätze nach IFRS
(In Anlehnung an Pellens, B./Fülbier, R. U./Gassen, J. (2008), S. 119.)

2.1.2 Rückstellungen und deren bilanztheoretische Einordnung

Zur Erfüllung der Jahresabschlussziele ist es u. a. auch erforderlich, Rückstellungen zu passivieren. Die Bestimmung eines allgemeingültigen und allgemeinverbindlichen *Begriffs* der Rückstellungen ist jedoch nicht ohne Weiteres möglich. Dies ist wohl mit der Komplexität des Inhalts dieser Bilanzposten und der daraus folgenden kontroversen Diskussion, die in der Literatur geführt wird, zu begründen.[20] Ein allgemeiner Konsens besteht darüber, dass diese Posten der Passiva zur Berücksichtigung von Verpflichtungen dienen, die in künftigen Perioden zu Ausgaben führen.[21] So ordnen Rückstellungen solche Wertminderungen der Berichtsperiode zu, die in dieser zwar wirtschaftlich oder rechtlich verursacht wurden, aber erst durch zukünftige Handlungen letztendlich bedingt werden. Daher sind Rückstellungen hinsichtlich ihrer Existenz und/oder hinsichtlich der Höhe bzw. Fälligkeit der künftigen Ausgaben nicht völlig sicher, können jedoch mit einer gewissen Sicherheit vorhergesagt werden.[22] Der Beweggrund für die Antizipation künftiger Ausgaben ist abhängig davon, welchen Zweck man der Bilanz zuschreibt, und somit welche Bilanztheorie der Rückstellungsbildung zu Grunde gelegt wird.[23]

Bilanztheorien kommt u. a. die Aufgabe zu, Gestaltungsempfehlungen vor dem Hintergrund bestimmter Rechnungslegungsziele zu formulieren. So soll die materielle Bilanztheorie die Frage beantworten, wie Bilanzierungs-, Bewertungs- und Gliederungsregeln zu gestalten sind, um angestrebte Bilanzierungsziele zu erreichen.[24] Die zwei bedeutendsten angelsächsischen Bilanztheorien sind die von Sprouse und Moonitz begründete Asset-/Liability-Theorie[25] und die Revenue-/Expense-Theorie, welche auf Paton und Littelton zurückzuführen ist.[26] Durch diese beiden Ansätze wurde die Arbeit des IASB maßgeblich geprägt.[27]

Nach der *Asset-/Liability-Theorie* besteht der Zweck des Jahresabschlusses darin, die „wahren" Werte von Vermögen und Schulden zum Bilanzstichtag abzubilden.[28] Demzufolge ist die Bilanz das bedeutendste Informationsinstrument innerhalb des Jahresabschlusses, denn die Vermögenswerte stellen die künftigen Nutzenzuflüsse dar. Analog repräsentieren Schulden den künftigen Abfluss von Nutzen.[29] Die Werte der Erfolgsrechnung ergeben sich durch die Veränderungen von Vermögenswerten und Schulden während einer Periode. Entsprechend berechnet sich der Gewinn bzw. Verlust aus der Summe dieser Wertänderungen innerhalb der Periode.[30] Insgesamt ist daher der Stellenwert der Gewinn- und Verlustrechnung, wie auch bei der im Wesentlichen identischen statischen Bilanztheorie,[31] im

---

[20] Vgl. Daub, S. (2000), S. 56.
[21] Vgl. Baetge, J./Kirsch, H.-J./Thiele, S. (2007), S. 415 i. V. m. Daub, S. (2000), S. 56.
[22] Vgl. Coenenberg, A. (2005), S. 390 i. V. m. Baetge, J./Kirsch, H.-J./Thiele, S. (2007), S. 415.
[23] Vgl. Coenenberg, A. (2005), S. 388 i. V. m. Baetge, J./Kirsch, H.-J./Thiele, S. (2007), S. 419.
[24] Vgl. Heinen, E. (1986), S. 34.
[25] Zur Asset-/Liability-Theorie vgl. ausführlich Sprouse, R. T. (1971), S. 99 ff.
[26] Zur Revenue-/Expense-Theorie vgl. ausführlich Paton, W. A./Littelton, A. C. (1986), S. 7 ff.
[27] Vgl. Klaholz, T. (2005), S. 34.
[28] Vgl. Sprouse, R. T./Moonitz, M. (1962), S. 20 i. V. m. Klaholz, T. (2005), S. 35.
[29] Vgl. Sprouse, R. T. (1971), S. 100 f.; Haller, A. (1993), S. 145.
[30] Vgl. Sprouse, R. T./ Moonitz, M. (1962), S. 11 und 54; Sprouse, R. T. (1971), S. 100 und 103.
[31] Die zu den klassischen Bilanztheorien zählende Auffassung ist älter als die Asset-/Liability-Theorie aber dieser sehr ähnlich. Die von H. V. Simon begründete statische Bilanztheorie betont jedoch im Unterschied, dass das

2.1 Konzeptionelle Grundlagen zur Abbildung von Rückstellungen

Vergleich zur Bilanz nachrangig.[32] Aus dem primären Ziel der korrekten Darstellung von Vermögenswerten und Schulden[33] ergibt sich einer der beiden Beweggründe zur Bildung von Rückstellungen: Wie das Vermögen, so sollen gleichfalls sämtliche Schulden korrekt, also auch vollständig, ausgewiesen werden. Dies beinhaltet auch diejenigen, die mit einer gewissen Unsicherheit behaftet sind. Bei diesen Verbindlichkeiten wird daher von Rückstellungen für ungewisse Verbindlichkeiten gesprochen.[34]

Im Mittelpunkt der *Revenue-/Expense-Theorie* steht hingegen die Auffassung, dass der Wert eines Unternehmens nicht durch dessen Vermögenswerte und Schulden, sondern vielmehr durch dessen Ertragskraft reflektiert wird.[35] Dadurch kommt bei diesem dynamischen Ansatz der Gewinn- und Verlustrechnung die größte Bedeutung unter den Jahresabschlusselementen zu.[36] Sie muss, um der zentralen Aufgabe der korrekten Ermittlung des Periodenerfolgs gerecht zu werden, unter der Annahme der Periodenfortführung erstellt werden.[37] Dazu ist neben dem Realisationsprinzip vor allem der Grundsatz der Periodenabgrenzung von Bedeutung, da es unter Informationsgesichtspunkten notwendig ist, die Totalperiode in einzelne Teilperioden zu zerlegen. Die Vermögenswerte der Bilanz stellen lediglich noch nicht ergebniswirksam verrechnete Kosten dar, die das vorhandene Leistungspotenzial repräsentieren.[38] Durch das primäre Ziel des korrekten Erfolgsausweises wird der Umfang der Rückstellungsbildung erweitert, denn hierzu müssen jegliche Vermögensminderungen in der Periode ihrer wirtschaftlichen Verursachung erfasst werden. Dies gilt auch, wenn ihre genaue Höhe und Fälligkeit am Bilanzstichtag noch nicht feststeht. So werden gemäß der dynamischen Bilanzauffassung Rückstellungen als Abgrenzungsposten angesehen, weshalb neben Rückstellungen für ungewisse Verbindlichkeiten auch Aufwandsrückstellun-

---

Reinvermögen unter dem Gesichtspunkt der Schuldendeckungsfähigkeit ermittelt wird. Vgl. hierzu ausführlich Moxter, A. (1984), S. 5-28, Heinen E. (1986), S. 36-45; Oberbrinkmann, F. (1990), S. 80-125.

[32] Vgl. Haller, A. (1993), S. 145.

[33] Auch Sprouse und Moonitz stellen auf eine korrekte Gewinnermittlung ab, weshalb sie als Bewertungskonzept eine auf „current values" basierende Bewertung einem „historical cost"-orientierten Konzept vorziehen, um so den Wert eines Vermögenswertes anhand seiner künftigen Leistung für das Unternehmen zu bemessen. Vgl. Haller, A. (1993), S. 144 f.

[34] Vgl. Coenenberg, A. (2005), S. 388.

[35] Nach Ansicht von Paton und Littelton gilt: "Earning power (...) is the significant basis of enterprise value." Vgl. Paton, W. A./Littelton, A. C. (1986), S. 10.

[36] Diese Bilanztheorie ähnelt sehr stark der früher begründeten dynamischen Bilanzauffassung, die v. a. von E. Schmalenbach vertreten wurde. Vgl. hierzu ausführlich Rieger, W. (1936), S.10-91; Moxter, A. (1984), S. 29-56; Heinen, E. (1986), S. 45-62; Oberbrinkmann, F. (1990), S. 126-193; Baetge, J./Beermann, T. (1998), S. 155-160.

[37] Vgl. Paton, W. A./Littelton, A. C. (1986), S. 10.

[38] Vgl. Haller, A. (1993), S. 131-133.

gen für reine Innenverpflichtungen zu bilden sind, bei denen es sich i.e.S. nicht um Fremdkapital handelt.[39]

Rückstellungen für ungewisse Verbindlichkeiten können sowohl auf rechtlicher Grundlage entstehen als auch aus wirtschaftlichen Gründen zu einer faktischen Verpflichtung führen, wie es beispielsweise bei Kulanzrückstellungen der Fall ist.[40] Die Beurteilung, ob und wann ein künftiger Mittelabfluss als ungewisse Verpflichtung passiviert werden muss, also der Passivierungszeitpunkt, ist nicht immer eindeutig zu beantworten und wird in der Fachliteratur wie auch von der Rechtsprechung kontrovers diskutiert.[41] Vor allem bei faktischen Verpflichtungen eröffnet die Beurteilung des Passivierungszeitpunktes einen großen Ermessensspielraum.[42] Die zwei in der deutschsprachigen Literatur vorherrschenden Auffassungen zur Bestimmung der wirtschaftlichen Verursachung sind die Wesentlichkeitsthese und die Alimentationsthese.[43]

Gemäß der *Wesentlichkeitsthese* ist zur Beurteilung der wirtschaftlichen Verursachung zwischen wirtschaftlich wesentlichen und unwesentlichen Tatbestandsmerkmalen zu unterscheiden. Für die Passivierung einer faktischen Verpflichtung genügt die Erfüllung der im Sinne der BFH-Rechtsprechung „wirtschaftlich wesentlichen Tatbestandsmerkmale"[44], von denen das Entstehen einer Verbindlichkeit abhängt.[45] Hierdurch kann zwar die wirtschaftliche Verursachung vor der rechtlichen liegen, jedoch nicht umgekehrt. Insgesamt verbleibt bei dieser Ansicht dennoch ein großer Ermessensspielraum bei der Beurteilung, ob ein Tatbestandsmerkmal wirtschaftlich wesentlich ist oder nicht.[46]

Dieser Auffassung entgegen steht die *Alimentationsthese* Moxters. Moxter sieht die Bildung von Rückstellungen als wirtschaftlich verursacht an, sofern die durch die entsprechenden Aufwendungen erzielten Erträge ebenfalls in der vergangenen Periode realisiert wurden.[47] Die Aufwendungen sollen folglich vergangene Erträge alimentieren.[48] Nach Moxter ist dies ein Ausdruck des Realisationsprinzips, wonach Verpflichtungen nur passiviert werden, wenn ein direkter Zusammenhang

---

[39] Vgl. Coenenberg, A. (2006), S. 389; Baetge, J./Kirsch, H.-J./Thiele, S. (2007), S. 419 f.
[40] Vgl. Coenenberg A. (2006), S. 388.
[41] Vgl. Pisoke, M. (2004), S. 79.
[42] Vgl. Rüdinger, A. (2004), S. 56; Kayser, M. (2002), S. 108.
[43] Vgl. Kayser, M. (2002), S. 112.
[44] Vgl. stellvertretend BFH-Urteil vom 01.August 1984 I R 88/80. Vgl. Moxter, A. (2007), S. 117; Kayser, M. (2002), S. 107.
[45] Kayser, M. (2002), S. 107.
[46] Vgl. Kayser, M. (2002), S. 108; Rüdinger, A. (2004), S. 92; Pisoke, M. (2004), S. 79.
[47] Zur Umsetzung und den Auswirkungen der Wesentlichkeits- und Alimentationsthese auf die Rückstellungsbilanzierung vgl. Kapitel 2.1.3, 3.3.1.2 und 3.5.
[48] Vgl. Moxter, A. (2003), S. 102.

2.1 Konzeptionelle Grundlagen zur Abbildung von Rückstellungen 27

zu bereits realisierten Erträgen vorliegt.[49] Auch in der aktuellen Literatur hat sich im Sinne Moxters die Meinung durchgesetzt, dass das Realisationsprinzip nicht nur die Realisation von Erträgen, sondern auch die Aufwandsrealisation regelt und daher nur Aufwendungen passiviert werden dürfen, wenn sie bereits realisierten Erträgen zuzuordnen sind.[50] Dadurch wird gleichfalls dem Grundsatz der Periodenabgrenzung[51] entsprochen.[52] Die Betonung des Periodisierungsprinzips lehnt sich stark an die dynamische Bilanzauffassung, also auch die Revenue-/Expense-Theorie an.[53] Sie wurde mittlerweile ebenfalls von der BFH-Rechtsprechung übernommen.[54] Freilich treten bei dieser Interpretation das Vorsichtsprinzip und damit der Gläubigerschutz bei der Rückstellungsbilanzierung in den Hintergrund, da nicht alle erwarteten Auszahlungen ausgewiesen werden.[55]

2.1.3 Entsorgungs- und Wiederherstellungsverpflichtungen vor dem Hintergrund der Bilanztheorien

Die Unterschiede der beiden Bilanzauffassungen, Asset-/Liability-Theorie und Revenue-/Expense-Theorie, zeigen sich insbesondere bei Entsorgungs- und Wiederherstellungsverpflichtungen. Die diesen Verpflichtungen zu Grunde liegenden Sachverhalte „weisen [nämlich] aus bilanztheoretischer Sicht nicht selten sehr komplexe Züge auf"[56].

Das zentrale Ziel der Asset-/Liability-Theorie ist der korrekte Ausweis von Vermögenswerten und Schulden. Zu diesem Zweck müssen auch Rückbau- und Wiederherstellungsverpflichtungen vollständig ausgewiesen werden. Sobald also die Verpflichtung gegenüber Dritten rechtlich oder wirtschaftlich entsteht, muss diese, ungeachtet der zuzuordnenden Erträge, in Höhe des gesamten Barwerts der mit ihr verbundenen künftigen Zahlungsmittelabflüsse passiviert werden.[57] Da sowohl der Zeitpunkt als auch die Fälligkeit nicht genau feststehen, ist die Verpflichtung als Rückstellung zu passivieren. Gemäß der Asset-/Liability-Theorie ergeben sich

---

[49] Vgl. Moxter, A. (2004a), S. 1058.
[50] Vgl. Keitz, I. v. u. a. (2007), Rdnr. 41; Kayser, M. (2002), S. 108 f. i. V. m. Naumann, K.-P. (1991), S. 530.
[51] Vgl F.22 und IAS 1.25 f.
[52] Vgl. Gelhausen, H.-F./Pape, J./Schruff, W. (2007), Rdnr. 37. Zum Grundsatz der Periodenabgrenzung gehört auch der Grundsatz der sachlichen Abgrenzung (matching principle) nach F.95, gemäß dem in der Periode der Ertragserfassung auch die den Erträgen zurechenbaren Aufwendungen erfasst werden sollen, sowie das nach IFRS weit gefasste Realisationsprinzip. Vgl. Baetge, J. u. a. (2007), Rdnr. 36.
[53] Vgl. Kayser, M. (2002), S. 109; Eibelshäuser, M. (1987), S. 862.
[54] Vgl. stellvertretend BFH-Urteil vom 19. Mai 1987 VIII R 327/83. Vgl. Moxter, A. (2007), S. 129 f.; Kayser, M. (2002), S. 108.
[55] Vgl. weiter zu dieser Diskussion Siegel, T. (1995), S. 1142 i. V. m. Moxter, A. (1995) S. 1144.
[56] Hommel, M./Wich, S. (2004), S. 17; vgl. Förschle, G./Scheffels, R. (1993), S. 1197.
[57] Vgl. Sprouse, R. T./Moonitz, M. (1962), S. 52. i. V. m. S. 38.

Aufwendungen und Erträge unmittelbar aus der Veränderung der Bilanzwerte. Folglich ist bei Passivierung der Verpflichtung zugleich in deren voller Höhe ein Aufwand zu erfassen (erfolgswirksame Passivierung einer Vollrückstellung).[58]

Beispiel: Die Oilily AG exploriert Öl auf offener See. Durch die Lizenzvereinbarung wird das Unternehmen verpflichtet am Ende der Lizenzlaufzeit von vier Jahren die Ölplattform abzubauen und den Meeresboden wiederherzustellen. Diese Verpflichtung ist nach der Asset-/Liability-Theorie bei Abschluss des Lizenzvertrages in voller Höhe zu passivieren. Gleichzeitig wird das Ergebnis der ersten Periode in Höhe des gesamten Rückbau- und Wiederherstellungsaufwandes belastet. In den Folgeperioden ergibt sich das Ergebnis daher durch die Umsatzerlöse aus dem Rohölverkauf abzüglich der sonstigen Produktionskosten.[59] Eine Zuordnung der Rückbau- und Wiederherstellungsaufwendungen zu diesen Erträgen erfolgt nicht, wie folgende vereinfachte Abbildung zeigt.

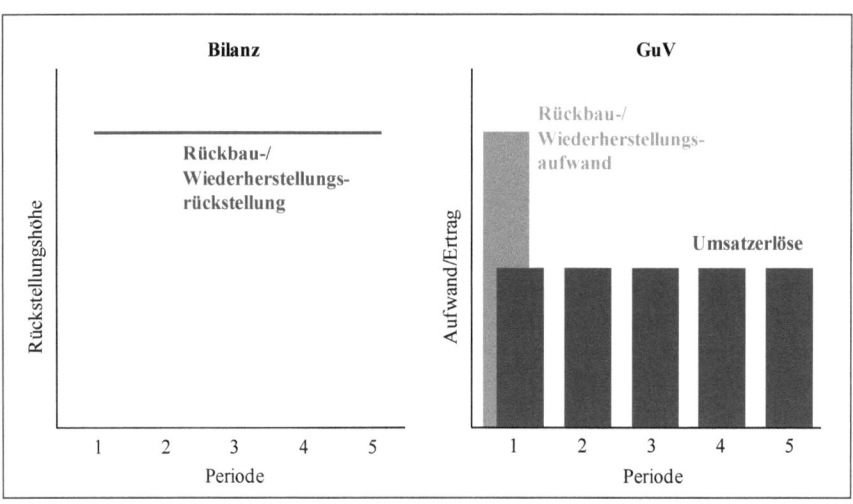

Abbildung 2: Erfolgswirksame Passivierung einer Vollrückstellung

---

[58] Vgl. Klaholz, T. (2005), S. 37 f.
[59] Annahmen: Die Produktion beginnt mit Abschluss der Lizenzvereinbarung, die geförderte Rohölmenge wird in der Periode der Förderung abgesetzt, die sonstigen Produktionskosten bleiben konstant und Zinseffekte werden nicht berücksichtigt.

2.1 Konzeptionelle Grundlagen zur Abbildung von Rückstellungen

Die Aufwandserfassung ändert sich nach den Grundsätzen der Revenue-/Expense-Theorie. Da hier der periodengerechten Erfolgsermittlung die zentrale Bedeutung beigemessen wird, muss der Rückbau- und Wiederherstellungsaufwand in den Perioden, denen er wirtschaftlich zuzuordnen ist, erfasst werden. Demgemäß wird die Verpflichtung trotz ihres rechtlichen oder faktischen Bestehens nicht vollständig ausgewiesen.[60] Stattdessen ist die Verpflichtung anzusammeln bis sie ausgabewirksam wird (Ansammlungsrückstellung). Die Ansammlung hat proportional zur Entstehung der Erträge, die durch die Nutzung des entsprechenden Vermögenswertes generiert werden, zu erfolgen.[61] Somit wird auch der Alimentationsthese Moxters entsprochen. Allerdings wird der periodengerechte Erfolgsausweis auf Kosten des unvollständigen Schuldenausweises „erkauft".

Beispiel: Im vorigen Beispiel ist bei Anwendung der Revenue-/Expense-Theorie der Aufwand zum Rückbau der Ölplattform und zur Wiederherstellung des Meeresbodens zu antizipieren und den Erträgen, die durch die Nutzung der Ölplattform entstehen, d.h. den Umsatzerlösen aus dem Rohölverkauf, gegenüberzustellen. Dies illustriert folgende Abbildung:

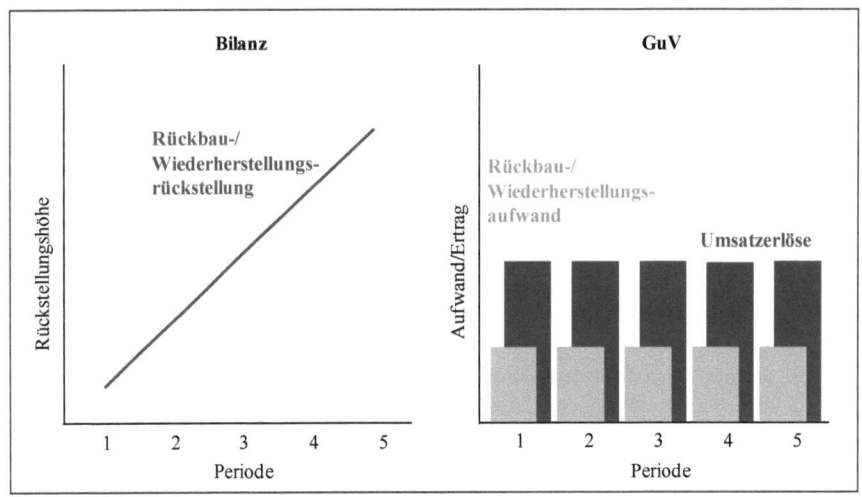

Abbildung 3: Erfolgswirksame Passivierung einer Ansammlungsrückstellung

---

[60] Vgl. Klaholz, T. (2005), S. 45.
[61] Vgl. Paton, W. A./Littelton, A. C. (1986), S. 72.

2.2 Grundlagen der Bilanzierung von Rückstellungen nach IFRS

2.2.1 Bilanzierung von Rückstellungen nach IFRS

Mit IAS 37 „Provisions, Contingent Liabilities und Contingent Assets" hat das damalige IASC im Jahr 1998 einen Standard zur Regelung von Ansatz, Bewertung sowie Angabepflichten von Rückstellungen, Eventualverbindlichkeiten und Eventualvermögensgegenständen verabschiedet.[62] Mit diesem Standard, der erstmals für das Geschäftsjahr, das am oder nach dem 1. Juli 1999 begonnen hat, anzuwenden war, wurde die Unsicherheit, die zuvor hinsichtlich der Bilanzierung von Rückstellungen herrschte, aufgelöst und eine einheitliche Bilanzierung sichergestellt.[63] Vorher waren die Abschlussersteller auf die eher rudimentären Regelungen des IAS 10 angewiesen, was im Widerspruch zu der Bedeutung von Rückstellungen und dem steigenden Interesse an dieser Bilanzposition stand.[64]

In den Jahren 2003 bis 2006 wurden kleinere Regelungen des IAS 37 an die Veröffentlichung anderer Standards angepasst. So wurde vorwiegend der Anwendungsbereich modifiziert und beispielsweise den Veröffentlichungen des IFRS 3 „Business Combinations" und des IFRS 4 „Insurance Contracts" Rechnung getragen.[65]

2.2.2 Das Liabilities-Projekt des IASB

Bereits die geplanten Regelungen des derzeit gültigen IAS 37 lösten heftige Diskussionen über einzelne Ansatz- und Bewertungsfragen im IASC aus, weshalb der endgültige Standard nur zeitlich verzögert verabschiedet werden konnte.[66] Nach wie vor wird die Rückstellungsbilanzierung von Anwendern wie auch von normensetzenden Instanzen kontrovers diskutiert. Die Auseinandersetzung über Ansatz, Bewertung und Ausweis von unsicheren Verbindlichkeiten ging und geht deshalb ununterbrochen weiter. So beschloss das IASB im September 2002 ein Projekt zur Überarbeitung von IAS 37 als Teil des Short-term Convergence Projekts in sein Arbeitsprogramm aufzunehmen. Die Hauptziele dieser Anpassungen sind zum einen die Konvergenz mit US-GAAP und daher die Eliminierung der Unterschiede zwischen IAS 37 und dem entsprechenden Standard SFAS 146.

---

[62] Vgl. Reinhart, A. (1998), S. 2514.
[63] Weiterhin bleiben einzelne Rückstellungssachverhalte in anderen Standards geregelt. Vgl. hierzu Kapitel 3.1.1.
[64] Vgl. Förschle, G./Kroner, M./Heddäus, B. (1999), S. 41; Keitz, I. v. u. a. (2007), Rdnr. 1; Reinhart, A. (1998), S. 2514.
[65] Vgl. Ernst & Young (2007), S. 1921.
[66] Vgl. Ernsting, I./Keitz, I. v. u. a. (1998), S. 2477.

2.2 Grundlagen der Bilanzierung von Rückstellungen nach IFRS

Hierdurch ist vor allem die Bilanzierung von Restrukturierungsrückstellungen betroffen.[67] Zum anderen sollen durch die Änderungen die Vorgaben bzgl. der Definitions- und Ansatzkriterien verbessert werden.[68] Auslöser hierfür waren die durch die Phase II des Business Combinations Projekts angestoßenen Änderungen hinsichtlich der Bilanzierung von Eventualvermögenswerten und Eventualverbindlichkeiten des Erwerbers beim erworbenen Unternehmen. Diese Sachverhalte werden nun grundsätzlich neu dargelegt,[69] mit dem Ziel, eine übereinstimmende Behandlung innerhalb und außerhalb von Unternehmenszusammenschlüssen zu erreichen.[70]

Im Juni 2005 veröffentlichte das IASB den Exposure Draft of Proposed Amendments to IAS 37 Provisions, Contingent Liabilities, Contingent Assets (ED IAS 37) zusammen mit den Änderungsvorschlägen zu IAS 19 und IFRS 3. Als Reaktion zu den weit über rein kosmetische Änderungen hinausgehenden Vorschlägen[71] erhielt das IASB bis zum Ende der Kommentierungsfrist im Oktober 2005 mehr als 120 Comment Letters.[72] Diese überwiegend sehr kritischen bis ablehnenden Anmerkungen zu den Änderungsvorschlägen veranlassten das IASB im Februar 2006 eine redeliberation phase einzuläuten und in insgesamt fünf so genannten round-table meetings die verschiedenen Ansichten zu diskutieren.[73] Das Ziel, den Überarbeitungsprozess der mittlerweile vom Business Combination Projekt abgekoppelten Arbeiten Anfang des Jahres 2008 abzuschließen, um im zweiten Halbjahr 2008 einen endgültigen Standard zu verabschieden,[74] konnte nicht eingehalten werden. Die Diskussionen zum so genannten Liabilities-Projekt werden im IASB weitergeführt; mit einem endgültigen Standard ist voraussichtlich nicht vor dem ersten Halbjahr 2010 zu rechnen (vgl. Anhang 3).[75]

---

[67] Diese werden im Rahmen der vorliegenden Arbeit nicht näher betrachtet.
[68] Für eine detaillierte Darstellung der durch das Liabilities-Projekt angestoßenen Änderungen vgl. Kapitel 3 sowie Anhang 4.
[69] Vgl. IASCF (2008a), S. 1 f.
[70] Vgl. Andrejewski, K. C./Mielke, O. (2005), S. 582.
[71] Vgl. Ernst & Young (2008), S. 1923.
[72] Vgl. IASCF (URL).
[73] Vgl. IASCF (2006a), S. 4; IASCF (2008a), S. 3 i. V. m. Wielenberg, S./Blecher, C./Puchala, A. (2007), S. 453. Vgl. ausführlich zum Überarbeitungsprozess und der dort vorgeschlagenen prinzipienorientierten Rechnungslegung Hommel, M./Wich, S. (2007), S. 509 ff.
[74] Vgl. Wielenberg, S./Blecher, C./Puchala, A. (2007), S. 453 i. V. m. IASCF (2008a), S. 3.
[75] Vgl. IASCF (2008a), S. 2.

3 Bilanzierung von Rückstellungen nach IAS 37

3.1 Anwendungsbereich und Rückstellungsbegriff

3.1.1 Anwendungsbereich

IAS 37 behandelt die bilanzielle Behandlung von „unsicheren Verbindlichkeiten".[76] Der Standard ist von allen Unternehmen bezüglich der Bilanzierung und des Ausweises von Rückstellungen (provisions), Eventualschulden (contingent liabilites) sowie Eventualforderungen (contingent assets) anzuwenden.[77] Da die IFRS themenorientiert und daher teilweise unsystematisch aufgebaut sind, werden wichtige Teilgebiete des Anwendungsbereichs in anderen Standards geregelt.[78] Aus dem Regelungsbereich des IAS 37 werden Finanzinstrumente (IAS 39)[79], Fertigungsaufträge (IAS 11), Ertragssteuern (IAS 12), Leasingverhältnisse (IAS 17), Leistungen an Arbeitnehmern (IAS 19) sowie Versicherungsverträge (IFRS 4) explizit ausgenommen.[80] Darüber hinaus sind Rückstellungen, Eventualschulden und Eventualforderungen, die aus schwebenden Verträgen entstehen, nicht im Anwendungsbereich des IAS 37 enthalten.[81]

Im Rahmen der Passivierung von Rückstellungen für Abbruch-, Entsorgungs- oder Wiederherstellungsverpflichtungen im Zusammenhang mit der Anschaffung von Sachanlagevermögen ist neben den Regelungen des IAS 37 ebenso die Vorgabe des IAS 16.16(c) zu beachten.[82] Die Frage, ob (künftige) Ausgaben als Aufwand in der Gewinn- und Verlustrechnung erfasst werden oder als Vermögenswert in der Bilanz zu aktivieren sind, ist nicht Gegenstand des IAS 37. Lediglich die Habenbuchung wird in diesem Zusammenhang vom Standard geregelt.[83] Darüber hinaus können einzelne Sachverhalte anhand von Bilanzierungsanweisungen des International Financial Reporting Committee (IFRIC) geregelt werden. Diesen kommt zwar ein geringerer Stellenwert als den Standards selbst zu, sie sind jedoch mit der Aufgabe betraut, Unklarheiten in Zusammenhang mit interpretationsbe-

---

[76] Vgl. Hoffmann, W.-D. (2008), Rdnr. 5.
[77] Vgl. Keitz, I. v. u. a. (2007), Rdnr. 2.
[78] Vgl. Hoffmann, W.-D. (2008), Rdnr. 1.
[79] Vgl. IAS 37.2.
[80] Vgl. IAS 37.5.
[81] Vgl. IAS 37.1(a). Schwebende Verträge liegen vor, wenn die Vertragsparteien ihre Verpflichtung noch nicht oder noch nicht vollständig erfüllt haben. Erst wenn solch ein Vertrag belastend wird, d. h. die Kosten zur Erfüllung der vertraglichen Verpflichtung den wirtschaftlichen Nutzen, den dem bilanzierenden Unternehmen daraus entsteht, übersteigt, sind die Regelungen des IAS 37 anzuwenden. Vgl. IAS 37.3 i. V. m. IAS 37.10. Diese werden im Rahmen der vorliegenden Arbeit jedoch nicht näher betrachtet.
[82] Vgl. IAS 16.16(c).
[83] Vgl. Keitz, I. v. u. a. (2007), Rdnr. 11; PwC (2007), Rdnr. 21.93.

dürftigen Bilanzierungssachverhalten zu klären.[84] Bei Entsorgungs- und Wiederherstellungsverpflichtungen ist bezüglich der Folgebewertung IFRIC 1 „Änderungen bestehender Rückstellungen für Entsorgungs-, Wiederherstellungs- und ähnliche Verpflichtungen" relevant; ebenso muss IFRIC 5 „Rechte auf Anteile an Fonds für Entsorgung, Wiederherstellung und Umweltsanierung" bei der Fragestellung, die die Behandlung von Ansprüchen an solchen Fonds betrifft, beachtet werden.[85]

3.1.2 Begriff der Rückstellung

Rückstellungen (provisions) stellen eine besondere Art der Schulden dar.[86] Daher baut IAS 37 auf den Kriterien einer Schuld auf um eine Rückstellung zu definieren und beschreibt eine Rückstellung als „eine Schuld, die bezüglich ihrer Fälligkeit oder ihrer Höhe ungewiss ist"[87]. Folglich haben Rückstellungen grundsätzlich die Definition von Schulden entsprechend dem Framework zu erfüllen. Nach F.49 und F.60-64 handelt es sich bei Schulden um

- eine gegenwärtige Verpflichtung des Unternehmens
- aus einem vergangenen Ereignis
- bei deren Erfüllung ein Abfluss von Ressourcen mit wirtschaftlichem Nutzen zu erwarten ist.

Dementsprechend knüpfen die Passivierungsbedingungen für Rückstellungen des IAS 37.14 an diese Schuldkriterien an. Darüber hinaus müssen, wie auch bei Schulden,[88] die allgemeinen Ansatzkriterien des Frameworks Wahrscheinlichkeit (probability)[89] und Verlässlichkeit (reliability)[90] erfüllt sein,[91] um eine Passivierung zu begründen.[92]

---

[84] Vgl. Pellens, B./Fülbier, R. U./Gassen, J. (2008), S. 91.
[85] Darüber hinaus ist in Zusammenhang mit Entsorgungs- und Wiederherstellungsverpflichtungen IFRIC 6 „Verbindlichkeiten, die sich aus einer Teilnahme an einem spezifischen Markt ergeben – Elektro- und Elektronik-Altgeräte" zu beachten. Auf diese Interpretation soll im Rahmen der vorliegenden Arbeit nicht weiter eingegangen werden.
[86] Vgl. Förschle, G./Kroner, M./Heddäus, B. (1999), S. 42.
[87] IAS 37.10.
[88] Vgl. F.50.
[89] Gemäß F.83(a) muss es wahrscheinlich sein, dass ein künftiger wirtschaftlicher Nutzen in Verbindung mit einem Sachverhalt dem Unternehmen zu- oder von ihm abfließen wird.
[90] Gemäß F.83(b) muss es möglich sein, die Anschaffungs- oder Herstellungskosten oder den Wert des Sachverhalts verlässlich zu bestimmen.
[91] Vgl. F.83; F.91.
[92] Vgl. Hachmeister, D. (2006), S. 298.

3.1 Anwendungsbereich und Rückstellungsbegriff

So ergänzen die Ansatzkriterien des IAS 37.14 die Schuldkriterien um die allgemeinen Ansatzvoraussetzungen des Frameworks und erwähnen dabei explizit, dass es sich bei gegenwärtigen Verpflichtungen sowohl um rechtliche als auch um faktische Verpflichtungen handeln kann.[93] Im Ergebnis resultieren folgende Ansatzkriterien für Rückstellungen:

- Ein Unternehmen hat eine *gegenwärtige rechtliche oder faktische Verpflichtung* aus einem *vergangenen* Ereignis,
- wobei bei der Erfüllung der Verpflichtung der *Abfluss von Ressourcen* mit wirtschaftlichem Nutzen *wahrscheinlich* ist und
- eine *verlässliche* Schätzung über den Betrag der Verpflichtung möglich ist.[94]

Um Beurteilungsspielräume im Bereich des Ansatzes zu verringern, kommt diesen Kriterien eine große Bedeutung zu.[95] Denn ergänzend zu den Eigenschaften einer Schuld sind Rückstellungen durch die genannten Unsicherheit(en) gekennzeichnet,[96] weshalb sie in besonderem Maße von Schätzungen abhängig sind.[97] Dabei verdeutlichen die Ansatzkriterien, dass Rückstellungen nicht nur mit den in den Definitionskriterien beinhalteten Unsicherheiten hinsichtlich ihrer Fälligkeit und Höhe behaftet sind. Auch die Unsicherheiten über das Bestehen und den Ressourcenabfluss gehören zu den prägenden Eigenschaften von Rückstellungen. Dies begründet sich durch die Regelung des IAS 37.16, in der angenommen wird, dass es in den meisten Fällen eindeutig ist, ob eine gegenwärtige Verpflichtung aus einem vergangenen Ereignis vorliegt oder nicht. Ist dies jedoch nicht eindeutig, so ist eine Rückstellung lediglich zu bilden, wenn mehr für das Bestehen als dagegen spricht.[98] Demgemäß kann auch das Bestehen einer Rückstellung unsicher sein. Darüber hinaus kann in Bezug auf Rückstellungen auch eine Unsicherheit hinsichtlich des Ressourcenabflusses vorhanden sein, denn ein Gläubiger muss nicht zwangsläufig seinen Anspruch einfordern.[99]

Der Grad an Unsicherheit, der in den Jahresabschluss einbezogen wird, darf jedoch nicht zu hoch sein, da dies dem Rechnungslegungsgrundsatz der Verlässlichkeit widersprechen würde. Daher ist eine Eingrenzung der passivierbaren unsicheren Verbindlichkeiten[100] mittels Objektivierungs- und Periodisierungskrite-

---

[93] Dies gilt gemäß F.60 bereits für Schulden.
[94] Vgl. IAS 37.14. Vgl. zu den Ansatzkriterien auch die Anhänge 1 und 2.
[95] Vgl. Heuser, P. J./Theile, C./Pawelzik, K. U. (2007), Rdnr. 2302.
[96] Vgl. Hoffman, W.-D. (2007), Rdnr. 13.
[97] Vgl. Gelhausen, H.-F./Pape, J./Schruff, W. (2007), Rdnr. 26.
[98] Vgl. ausführlich zu dieser Regelung Kapitel 3.3.1.1.
[99] Vgl. Hebestreit, G./Dörges, C. E. (2006), Rdnr. 8-10.
[100] Vgl. Daub, S. (2000), S. 302 i. V. m. S. 305.

rien unerlässlich.[101] Damit die Passivierungsbedingungen diese Aufgabe erfüllen können, werden sie von IAS 37 eingehend erläutert.[102]

3.1.3 Begriffliche Abgrenzung

Nach Meinung des IASB sind auch *sonstige Schulden* nicht notwendigerweise völlig sicher, sondern können ebenso mit einer gewissen Unsicherheit behaftet sein.[103] Dies wird insbesondere dadurch deutlich, dass gelegentlich der Erfüllungszeitpunkt sowie der Betrag einer Schuld geschätzt werden muss.[104] Gleichwohl ist die Unsicherheit, die Verbindlichkeiten begleitet, bedeutend niedriger als im Fall von Rückstellungen oder aber gar nicht vorhanden.[105] Beispielsweise wird die Unsicherheit im Fall von als sicher geltenden Verpflichtungen aus Lieferungen und Leistungen durch Rechnungsstellung stark reduziert.[106]

Daneben zählen auch die so genannten *abgegrenzten Schulden (accruals)* zu den Verbindlichkeiten. Diese weisen einen höheren Grad an Sicherheit als Rückstellungen auf, der dennoch geringer ist als bei Verbindlichkeiten.[107] Im Fall von erhaltenen oder gelieferten Gütern sowie Dienstleistungen können abgegrenzte Schulden entstehen, sofern diese nicht bezahlt wurden und es auch noch zu keiner Rechnungsstellung oder formalen Vereinbarung gekommen ist.[108] Da ein Leistungsaustausch bereits stattgefunden hat, ist das Bestehen einer Verpflichtung und somit ein zukünftiger Ressourcenabfluss (nahezu) sicher. Lediglich bezüglich der Höhe und/oder der Fälligkeit kann eine Unsicherheit, die Schätzungen erforderlich macht, bestehen.[109] Insgesamt besteht jedoch eine große Sicherheit,[110] wodurch der Ausweis unter den sonstigen Schulden gerechtfertigt wird.[111] Dies ist ein wesentlicher Unterschied zu deren Behandlung nach HGB. Hier werden abgegrenzte Schulden nicht separat unterschieden, sondern überwiegend unter dem weiter ge-

---

[101] Vgl. Schrimpf-Dörges, C. E. (2007), S. 196.
[102] Vgl. Heuser, P. J./Theile, C./Pawelzik, K. U. (2007), Rdnr. 2302; vgl. ausführlich zu den Passivierungsbedingungen Kapitel 3.3.
[103] Vgl. Hebestreit, G./Dörges, C. E. (2006), Rdnr. 7 und 13.
[104] Vgl. Keitz, I. v. u. a. (2007), Rdnr. 14.
[105] Vgl. Hebestreit, G./Dörges, C. E. (2006), Rdnr. 7.
[106] Vgl. IAS 37.11(a); Hebestreit, G./Dörges, C. E. (2006), Rdnr. 14.
[107] Vgl. Förschle, G./Kroner, M./Heddäus, B. (1999), S. 44; Hachmeister, D. (2006), S. 104.
[108] Vgl. IAS 37.11(b).
[109] Vgl. Hebestreit, G./Dörges, C. E. (2006), Rdnr. 15. Nach Lüdenbach werden abgegrenzte Schulden dadurch charakterisiert, dass das Bestehen der Verbindlichkeit sicher ist und lediglich deren Höhe und Fälligkeit nicht vollständig feststeht. Vgl. Hoffmann, W.-D. (2008), Rdnr. 15.
[110] Vgl. Hachmeister, D. (2006), S. 104.
[111] Vgl. IAS 37.11; vgl. weiterführend Keitz, I. v. u. a. (2007), Rdnr. 14; Hebestreit, G./Dörges, C. E. (2006), Rdnr. 15.; Heuser, P. J./Theile, C./Pawelzik, K. U. (2007), Rdnr. 2303.

3.1 Anwendungsbereich und Rückstellungsbegriff

fassten Begriff der Rückstellungen subsumiert.[112] Grundsätzlich ist festzuhalten dass die Bestimmung abgegrenzter Schulden auf Grund der teils verschwimmenden Unterscheidungskriterien schwierig ist.[113]

Andererseits sind auch *Eventualverbindlichkeiten* (contingent liabilities) von Rückstellungen zu unterscheiden. Diese sind im Gegensatz zu abgegrenzten Schulden unsicherer als Rückstellungen.[114] Eine Eventualschuld liegt vor, wenn eine Verpflichtung besteht, für die mindestens eines der Definitionsmerkmale einer Rückstellung bzw. Schuld oder mindestens eines der Ansatzkriterien nicht erfüllt ist.[115] Somit fällt unter eine Eventualschuld nach IAS 37.10

- eine mögliche Verpflichtung aus einem vergangenen Ereignis, deren Existenz vom Eintreten eines oder mehrerer künftiger Ereignisse, die außerhalb der Kontrolle des Bilanzierenden stehen, abhängt oder
- eine gegenwärtige Verpflichtung, die durch ein vergangenes Ereignis verursacht wurde, aber nicht passiviert wird, da ein Ressourcenabfluss mit wirtschaftlichem Nutzen nicht wahrscheinlich ist, oder die Höhe der Verpflichtung nicht ausreichend zuverlässig geschätzt werden kann.[116]

Folglich kann eine Eventualverbindlichkeit entstehen, da das Definitionsmerkmal der „gegenwärtigen Verpflichtung" nicht gegeben ist und daher lediglich eine mögliche Verpflichtung vorliegt. Diese resultiert zwar aus einem vergangenen Ereignis, das jedoch nicht als verpflichtend im Sinne von IAS 37.10 gilt. Im Gegensatz dazu ist in den beiden letzten Fällen das verpflichtende Ereignis bereits eingetreten; gleichwohl liegt keine ansatzfähige Rückstellung vor, da eines der Ansatzkriterien Wahrscheinlichkeit oder Verlässlichkeit nicht gegeben ist.[117] Lediglich eine Anhangangabe wird von IAS 37.28 gefordert, sofern die Möglichkeit des Ressourcenabflusses nicht unwahrscheinlich ist.[118]

Für die Passivierbarkeit einer Rückstellung ist entscheidend, dass sie mit einer gewissen Unsicherheit verbunden ist.[119] Ist eine Rückstellung hinsichtlich ihrer Fälligkeit und ihrer Höhe so gut wie sicher, liegt eine sonstige Schuld bzw. eine abgegrenzte Schuld (accrual) vor. Ist indessen das Bestehen einer Verpflichtung

---

[112] Vgl. Heuser, P. J./Theile, C./Pawelzik, K. U. (2007), Rdnr. 2303.
[113] Dies ist durch die fehlende begriffliche Abgrenzung und die nur beispielhafte Aufzählung von accruals in IAS 37 bedingt. Vgl. Moxter, A. (1999), S. 522.
[114] Vgl. Hebestreit, G./Dörges, C. E. (2006), Rdnr. 16.
[115] Vgl. Keitz, I. v. u. a. (2007), Rdnr. 18; Brücks, M./Duhr, A. (2006), S. 244.
[116] Vgl. IAS 37.10.
[117] Vgl. Keitz, I. v. u. a. (2007), Rdnr. 19.
[118] Vgl. IAS 37.28. Wie der Begriff „gänzlich unwahrscheinlich" auszulegen ist, wird nicht geklärt, er sollte im Sinne der Informationsfunktion des Anhangs jedoch restriktiv interpretiert werden. Vgl. Hebestreit, G./Dörges, C. E. (2006), Rdnr. 28.
[119] Zu diesem Absatz vgl. Hebestreit, G./Dörges, C. E. (2006), Rdnr. 12.

oder deren Ressourcenabfluss bzw. Höhe nicht ausreichend wahrscheinlich, so ist eine Passivierung als Rückstellung nicht möglich. Die Unsicherheit charakterisiert somit Rückstellungen und ist zugleich das entscheidende Kriterium zur Abgrenzung gegenüber anderen Bilanzposten bzw. Eventualverbindlichkeiten.[120]

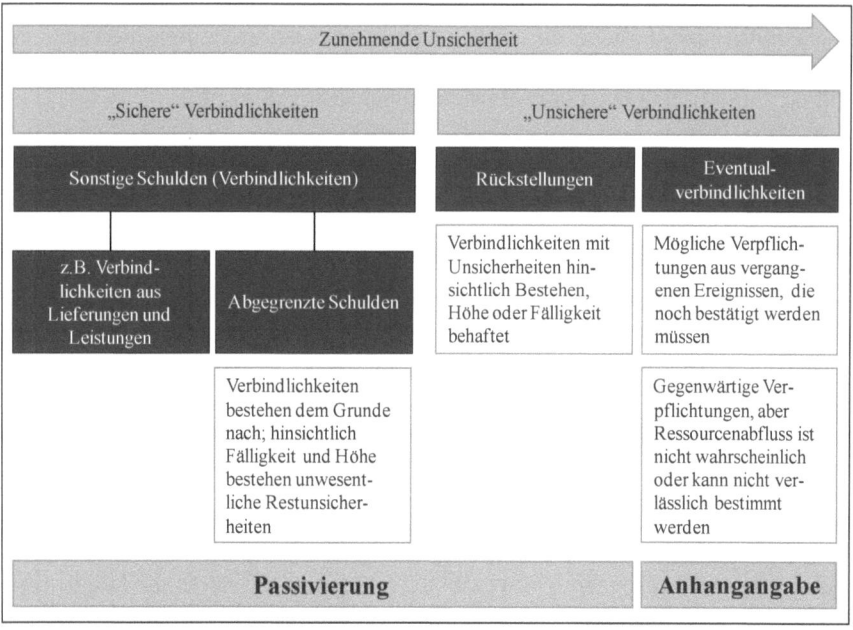

Abbildung 4: Begriffsabgrenzung

3.1.4 Präzisierung des Anwendungsbereichs und vereinheitlichte Terminologie nach ED IAS 37

ED IAS 37 sieht Änderungen bezüglich des Anwendungsbereichs und der Terminologie vor. Der Anwendungsbereich des Standardentwurfs erstreckt sich auf die Bilanzierung aller „non-financial liabilities", mit Ausnahme derer, die in anderen

---
[120] Vgl. Gelhausen, H.-F./Pape, J./Schruff, W. (2007), Rdnr. 26.

3.1 Anwendungsbereich und Rückstellungsbegriff

Standards geregelt sind[121] oder aus schwebenden Geschäften[122] resultieren.[123] Somit soll der veränderte IAS 37 im Wesentlichen denselben Anwendungsbereich wie der derzeit gültige Standard haben, jedoch umfasst der Begriff der „nonfinancial liabilities" nicht nur ungewisse, sondern sämtliche nicht-finanzielle Schulden.[124] Das IASB begründet diese Änderung mit der Befürchtung, dass der aktuelle Standard kein eindeutiges Abgrenzungskonzept zur Unterscheidung von Rückstellungen und sonstigen Verbindlichkeiten beinhaltet, weshalb die Möglichkeit besteht, dass Verbindlichkeiten, die nur mit einer geringen Unsicherheit behaftet sind und nicht in den Anwendungsbereich eines anderen Standards fallen, ebenfalls nicht von IAS 37 erfasst werden.[125]

In der Folge sieht ED IAS 37 auch eine Änderung der Terminologie vor. Der Begriff „provisions" ist im Standardentwurf nicht mehr enthalten, ebenso fehlt die Unterscheidung in weitere Kategorien sonstiger Verbindlichkeiten, wie „accruals".[126] Stattdessen wurde im ED der Oberbegriff „non-financial liability" eingeführt. Das IASB hat jedoch im März 2006 beschlossen, künftig lediglich von „liabilities" zu sprechen.[127] Dieser Oberbegriff umfasst alle Verbindlichkeiten, sofern es sich nicht um eine finanzielle Verbindlichkeit nach IAS 32 handelt.[128] Folglich sollen künftig nur noch zwei Arten von Verbindlichkeiten unterschieden werden, wobei sich die Unterscheidung danach richtet, ob die Verpflichtung die Definition eines Finanzinstruments erfüllt oder nicht.[129] Begründet wird der künftige Wegfall des separaten Abschlusspostens Rückstellungen[130] damit, dass der Begriff „provisions" in manchen Rechtssystemen mit einer anderen Bedeutung belegt ist und es dadurch zu Irritationen kommen kann.[131] Es bleibt zwar Abschlusserstellern freigestellt eine solche Unterkategorie der Verbindlichkeiten weiterhin auszuweisen,[132] da es sich jedoch lediglich um ein Wahlrecht handelt, ist zu erwarten, dass die Vergleichbarkeit der Abschlüsse unter dieser Regelung leiden wird.[133] Be-

---

[121] Auf Grund der kritischen Kommentare in den CLs beschloss das IASB auch Leistungsverpflichtungen im Rahmen von Umsatzgeschäften (performance obligations) explizit aus dem Anwendungsbereich auszuschließen. Vgl. IASCF (2008a), S. 5; IASCF (2006b), S. 6; Ernst & Young (2008), S. 1990; Schween, C. (2007), S. 687.
[122] Soweit es sich nicht um drohende Verluste aus schwebenden Geschäften handelt.
[123] Vgl. ED IAS 37.2.
[124] Vgl. Schween, C. (2007), S. 687.
[125] Vgl. ED IAS 37.BC74.
[126] Vgl. Hachmeister, D. (2006), S. 217.
[127] Vgl. IASB (2006b), S. 6; vgl. IASCF (2008a), S. 5 und 20.
[128] Vgl. ED IAS 37.10.
[129] Vgl. Hachmeister, D. (2006), S. 217.
[130] Vgl. Hayn, S. (2008), Rdnr. 121.
[131] Vgl. ED IAS 37.BC79.
[132] Vgl. ED IAS 37.9.
[133] Vgl. Kühne, M./Nerlich, C. (2005), S. 1839.

gründet durch die geänderten Begrifflichkeiten soll auch der Titel des Standards IAS 37 in „liabilities" umbenannt werden.[134]

Ferner sollen die Begriffe „contingent liability" und „contingent asset" gestrichen werden, denn nach Ansicht des IASB ist der Begriff der Eventualforderung bzw. -verbindlichkeit ein Widerspruch in sich. Vermögenswerte entstehen nur aus einem unbedingten Recht; auch Verbindlichkeiten müssen auf Grund eines vergangenen Ereignisses gegenwärtig bestehen, weshalb sowohl Vermögenswerte als auch Schulden nicht bedingt sein können.[135] Stattdessen wird der Begriff „contingency" im Sinne des ED für Verbindlichkeiten, deren Höhe zwar von einem künftigen Ereignis abhängt, deren Existenz jedoch unumstritten ist, verwendet.[136] In der Konsequenz dieser Überlegungen sieht es das IASB auch als plausibler an, bisher nach IAS 37 als Eventualforderungen behandelte Vermögenswerte fortan in Übereinstimmung mit IAS 38 zu bilanzieren, da es sich, sofern mit diesen Vermögenswerten ein unbedingtes Recht verbunden ist, ggf. um immaterielle Vermögenswerte handelt.[137]

3.2 Der Wahrscheinlichkeitsbegriff

Dem Begriff der Wahrscheinlichkeit kommt in IAS 37 eine zentrale Bedeutung zu. Die Ansatzkriterien für Rückstellungen fordern explizit, dass nicht nur das Bestehen der Verpflichtung, sondern auch der Ressourcenabfluss aus der Verpflichtung „wahrscheinlich" sein muss.[138] Von den wahrscheinlichen Ereignissen unterscheidet IAS 37 noch zwei weitere Kategorien der Erwartung unsicherer, zukünftiger Ereignisse. Im Gegensatz zu wahrscheinlichen (probable) Ereignissen können zukünftige Ereignisse auch gänzlich unwahrscheinlich (remote) sein oder, sofern die Wahrscheinlichkeit im Bereich dazwischen eingestuft wird, als möglich (possible) bezeichnet werden.[139] Ein mit an „Sicherheit grenzender Wahrscheinlichkeit" eintretendes künftiges Ereignis wird hingegen als „virtually certain" bezeichnet.[140]

Es stellt sich die Frage, wie der Begriff der Wahrscheinlichkeit gemäß IFRS auszulegen ist, genauer gesagt, ab wann die Stufe „probable" erreicht wird. Dieses

---

[134] Vgl. IASCF (2006b), S. 6; IASCF (2008a), S. 5 und S. 20.
[135] Vgl. ED IAS 37.BC17 und 30 i. V. m. Andrejewski, K. C./Mielke, O. (2005), S. 583 und Kühne, M./Nerlich, C. (2005), S. 1839.
[136] Vgl. ED IAS 37.BC 23 f. Dies steht in Verbindung mit dem neuen Ansatzkonzept. Vgl. hierzu Kapitel 3.3.2.2.
[137] Vgl. ED IAS 37.BC18.
[138] Vgl. Schruff, L./Haaker, A. (2007), S. 539 i. V. m. IAS 37.15 und IAS 37.14(b).
[139] Vgl. Hayn, S./Pilhofer, J. (1998a), S. 1731; Heuser, P. J./Theile, C./Pawelzik, K. U. (2007), Rdnr. 2320.
[140] Vgl. Hoffmann, W.-D. (2008), Rdnr. 108.

3.2 Der Wahrscheinlichkeitsbegriff

Problem ist vor allem auch vor dem Hintergrund der Zielsetzung der Rechnungslegung zu betrachten. So scheidet eine Auslegung auf Grund des Vorsichtsprinzips gemäß dem deutschen HGB aus. Vorsicht im Sinne des Frameworks der IFRS versteht prinzipiell nur ein gewisses Maß an Sorgfalt bei der Ausübung von Ermessensspielräumen.[141] Auch der Grundsatz der Neutralität schließt eine solche Beeinträchtigung der Jahresabschlussinformationen durch übermäßig pessimistische Einschätzungen aus.[142] Viel eher steht in Folge der Informationsfunktion, die dem Jahresabschluss nach IFRS zukommt, der Grundsatz der „fair presentation" im Vordergrund.[143] Investoren als Hauptadressaten der Rechnungslegung wird durch eine objektive und somit restriktive Auslegung der Wahrscheinlichkeit gedient.[144] Daher ist der erhebliche Ermessensspielraum, dem die von Schätzungen und Erwartungen beeinflussten Rückstellungen ausgesetzt sind, einzuschränken.[145]

In IAS 37 wird der Begriff wahrscheinlich als „more likely than not" ausgelegt,[146] d.h. es muss mehr für das Bestehen einer Verpflichtung oder das Eintreten eines Ereignisses sprechen als dagegen. In diesem Fall ist die Wahrscheinlichkeit, dass ein Ereignis eintritt, größer als die Wahrscheinlichkeit, dass es nicht eintritt.[147] Auf die explizite Angabe einer quantitativen Wahrscheinlichkeit hat das IASB verzichtet,[148] wohl aus dem Grund, dass sich aus dem Versuch der Quantifizierung von Eintrittswahrscheinlichkeiten künftiger Ereignisse nur eine Scheingenauigkeit ergeben würde[149] und dadurch der mögliche Genauigkeitsgrad einer Schätzung überzogen würde.[150] Doch kann die Umschreibung „more likely than not" gemäß der in der Literatur vorherrschenden Meinung so interpretiert werden, dass die Wahrscheinlichkeit des Bestehens einer gegenwärtigen Verpflichtung bzw. eines zukünftigen Vermögensabflusses mindestens 51 % betragen muss.[151] Aber genau in der verlässlichen Schätzung von quantitativen Wahrscheinlichkeiten im Sinne mathematisch-statistischer Größen liegt die Schwierigkeit.[152] Vor diesem Hintergrund überrascht die positive Darstellung der Möglichkeit verlässlicher Schätz-

---

[141] Vgl. F.37.
[142] Vgl. Hachmeister, D. (2006), S. 107 i. V. m. F.36.
[143] Vgl. Kapitel 2.1.1.
[144] Vgl. Moxter, A. (1999), S. 520; Daub, S. (2000), S. 310 f.
[145] Vgl. Hachmeister, D. (2006), S. 107.
[146] Es wird explizit darauf verwiesen, dass diese Auslegung nicht zwingend auf andere Standards übertragbar ist. Vgl. IAS 37.23.
[147] Vgl. IAS 37.23 i. V. m. IAS 37.15.
[148] Vgl. Förschle, G./Kroner, M./Heddäus, B. (1999), S. 48.
[149] Vgl. Hachmeister, D. (2006), S. 108; Hoffmann, W.-D. (2006), Rdnr. 30.
[150] Vgl. Epstein, B. J./Jermakowicz, E. K. (2007), S. 471.
[151] Vgl. stellvertretend Förschle, G./Kroner, M./Heddäus, B. (1999), S. 48.; Hayn, S./Pilhofer, J. (1998a), S. 1731; Haaker, A. (2005a), S. 9; Lüdenbach, N./Hoffmann, W.-D. (2003), S. 5; Keitz, I. v. u. a. (2007), Rdnr. 53; Kleinmanns, H. (2005), S. 206; Daub, S. (2000), S. 82; Hoffmann, W.-D. (2008), Rdnr. 37; Kayser, M. (2002), S. 93; Baetge, J. (2007), S. 459; Peschke, L. (2005), S. 39; Hachmeister, D./Zeyer, F. (2008), Rdnr. 140.
[152] Vgl. Schruff, L./Haaker, A. (2007), S. 543 f.

ungen in IAS 37.25,[153] in der hervorgehoben wird, dass eine Schätzung der Verpflichtung außer in sehr seltenen Fällen möglich ist und die Verlässlichkeit von Abschlüssen nicht beeinträchtigt.[154]

Wird die Interpretation des IASB, dass mehr Gründe für das Bestehen einer Verpflichtung sprechen müssen als dagegen, wörtlich ausgelegt, wären positive und negative Gründe aufzulisten (ggf. zu gewichten) und gegeneinander aufzuwiegen, was offensichtlich abwegig ist.[155] Objektive Wahrscheinlichkeiten gibt es nur bei Vorliegen einer Vielzahl ähnlicher Verpflichtungen,[156] wenn das Gesetz der großen Zahlen gilt. Es muss demzufolge eine entsprechend große Grundgesamtheit vorliegen, wie sie beispielsweise bei Gewährleistungen der Fall ist. Ebenso müssen die Verhältnisse des Beobachtungszeitraums auch über den Prognosezeitraum beständig sein. Diese Voraussetzungen sind bei einer Einzelverpflichtung nicht gegeben, weshalb statistische Verfahren hier nicht anwendbar sind.[157] Die Eintrittswahrscheinlichkeit einer Einzelverpflichtung lässt sich nicht objektiv quantifizieren.[158] Daher sollte im Fall von singulären Verpflichtungen die Qualität der Gründe abgewogen werden[159] und die „Wahrscheinlichkeit des besseren Arguments"[160], das sich am „Gesamtbild der Verhältnisse orientiert"[161], maßgeblich sein. Ein Unternehmen muss mit dem Be- oder Entstehen einer Verpflichtung ernsthaft rechnen[162] bzw. im Sinne Eibelshäusers müssen „gute (stichhaltige) Gründe dafür"[163] sprechen. Da es auf die Qualität der Gründe ankommt, ist deren intersubjektiv nachvollziehbare „Bewertung" und nicht deren Auflistung und „Zählung" letztlich entscheidend.[164]

Es bleibt festzuhalten, dass die Bemessung der Wahrscheinlichkeit des Bestehens und des Potenzialabflusses meist nur subjektiv möglich ist[165] und dem Bilanzie-

---

[153] Vgl. Moxter, A. (1999), S. 520.
[154] Vgl. IAS 37.25.
[155] Vgl. Hoffmann, W.-D. (2008), Rdnr. 40; Rothoeft, D. D. (2004), S. 98.
[156] Vgl. Heuser, P. J./Theile, C./Pawelzik, K. U. (2007), Rdnr. 2323 f.
[157] Vgl. Lüdenbach, N./Hoffmann, W.-D. (2003), S. 6 f.
[158] Vgl. Moxter, A. (1999), S. 520 i. V. m. Hachmeister, D. (2006), S. 109.
[159] Vgl. Lüdenbach, N./Hoffmann, W.-D. (2003), S. 6 f.
[160] Hebestreit, G./Dörges, C. E. (2006), Rdnr. 26.
[161] Hachmeister, D. (2006), S. 109.
[162] So eine Formulierung der BFH-Rechtsprechung im Urteil vom 17. Juli 1980 IV R 10/76. Vgl. Moxter, A. (2007), S. 85. Die Argumentation ist auf IFRS übertragbar, da auch der BFH eine Verpflichtung als wahrscheinlich bezeichnet, wenn mehr Gründe für als gegen das Be- oder Entstehen der Verpflichtung und der Inanspruchnahme hieraus sprechen. Vgl. ebenfalls Moxter, A. (1999b), S. 83.
[163] Eibelshäuser, M. (1987), S. 863.
[164] Vgl. Lüdenbach, N./Hoffmann, W.-D. (2003), S. 7 i. V. m. Euler, R./Engel-Ciric, D. (2004), S. 142 und Eibelshäuser, M. (1987), S. 863 (beide in Zusammenhang mit der BFH-Rechtsprechung, die aber aus o. g. Gründen nach Ansicht der Autorin als auf IFRS übertragbar angesehen wird).
[165] Vgl. Hayn, S./Pilfoher, J. (1998), S. 1731; Haaker, A. (2005b), S. 52.

renden zwangsläufig erheblichen Ermessensspielraum bietet.[166] Die Aufgabe der Rückstellungskriterien besteht freilich darin, möglichst objektiv und eindeutig entsprechend dem Jahresabschlussziel zwischen passivierungspflichtigen und nicht passivierungsfähigen Sachverhalten zu differenzieren.[167] Trotzdem sind subjektive Einschätzungen des Bilanzierenden erforderlich und auch nicht durch die Einholung von Expertenrat zu vermeiden. Das Problem, dass die Zukunft gezwungenermaßen ungewiss ist, lässt sich nicht durch Rechnungslegungsvorschriften lösen.[168] In diesem Bereich muss die Bilanzierung mit Ungenauigkeiten leben.[169]

3.3 Ansatz

3.3.1 Gegenwärtige Verpflichtung aus einem Ereignis der Vergangenheit

3.3.1.1 Gegenwärtige rechtliche oder faktische Außenverpflichtung

Voraussetzung für die Bilanzierung einer Schuld, und daher auch einer Rückstellung, ist das Vorliegen einer gegenwärtigen Verpflichtung. Der Begriff der Verpflichtung wird lediglich im Framework definiert, wonach darunter „eine Pflicht oder Verantwortung, in einer bestimmten Weise zu handeln oder eine Leistung zu erbringen"[170] zu verstehen ist.[171] Diese Verpflichtung kann gemäß den Ansatzvoraussetzungen in IAS 37.14(a) rechtlicher (legal) oder faktischer (constructive) Natur sein.[172]

Eine *rechtliche* Verpflichtung lässt sich entsprechend der Definition des IAS 37.10 aus einer vertraglichen Verpflichtung, aus gesetzlichen Vorschriften oder deren unmittelbaren Auswirkungen ableiten.[173] Kennzeichnend für eine rechtliche Verpflichtung ist ihre tatsächliche Durchsetzbarkeit[174] mit Hilfe rechtsstaatlicher Mittel. Ein Beispiel hierfür sind regelmäßig Zahlungsverpflichtungen für erhaltene Güter oder Dienstleistungen.[175]

An dieser rechtlichen Durchsetzbarkeit mangelt es bei *faktischen* Verpflichtungen. Vielmehr handelt es sich hierbei um Verpflichtungen, die sich das Unternehmen

---

[166] Vgl. Förschle, G./Kroner, M./Heddäus, B. (1999), S. 48 i. V. m. Haaker, A. (2005b), S. 52.
[167] Vgl. Euler, R./Engel-Ciric, D. (2004), S. 140.
[168] Vgl. Heuser, P. J./Theile, C./Pawelzik, K. U. (2007), Rdnr. 2323 f.
[169] Vgl. Hoffmann, W.-D. (2006), Rdnr. 30.
[170] Vgl. F.60
[171] Vgl. Wüstemann, J. (2004), S. 125.
[172] Vgl. IAS 37.14(a).
[173] Vgl. IAS 37.10.
[174] Vgl. Hebestreit, G./Dörges, C. E. (2006), Rdnr. 35.
[175] Vgl. F.60.

auf Grund seiner Aktivitäten „selbst auferlegt hat",[176] indem es die Übernahme gewisser Verpflichtungen gegenüber Dritten angedeutet hat.[177] Tatsächliche wirtschaftliche Gründe, wie die Notwendigkeit gute Geschäftsbeziehungen aufrecht zu erhalten oder die Reputation des Unternehmens zu pflegen, zwingen das Unternehmen, die nicht einklagbaren Verpflichtungen zu erfüllen.[178] Zur Verringerung von Ermessensspielräumen nennt IAS 37.10 konkrete Bedingungen für das Bestehen faktischer Verpflichtungen.[179] So muss ein Unternehmen durch sein bisher übliches Geschäftsgebaren, öffentlich angekündigte Maßnahmen oder auch eine genügend spezifische Aussage Dritten gegenüber, die Übernahme gewisser Verpflichtungen angedeutet haben. Als zwingende Voraussetzung für das Entstehen muss bei anderen Parteien eine gerechtfertigte Erwartung geweckt worden sein, dass das Unternehmen den angekündigten Verpflichtungen nachkommt.[180] Eine typische faktische Verpflichtung liegt z.B. vor, wenn sich ein Unternehmen im Rahmen seiner Geschäftspolitik dafür entscheidet, Mängel an verkauften Produkten auch nach der Garantiezeit zu beheben. Hier sind die erwarteten Aufwendungen zur Behebung dieser Mängel Schulden,[181] vorausgesetzt es war bereits in der Vergangenheit gängige Praxis des Unternehmens solche Produktfehler kostenfrei zu beheben.[182] Dadurch erwarten die Kunden nämlich, dass das Unternehmen diese Verpflichtung übernimmt.

Die notwendige Einbindung eines oder mehrerer *Dritte(n)* gegenüber denen die Verpflichtung bestehen muss, wird von IAS 37.20 ausgeführt. Demnach ist es nicht notwendig, dass der oder die Dritte einzeln dem Unternehmen bekannt sind. Eine Verpflichtung kann auch gegenüber der Öffentlichkeit in ihrer Gesamtheit bestehen.[183] Durch diese Bedingung einer Außenverpflichtung werden Aufwandsrückstellungen für Verpflichtungen, die der Bilanzierende gegenüber sich selbst hat, von der Passivierung grundsätzlich ausgeschlossen.[184] Eine Managemententscheidung genügt nicht, um eine faktische Verpflichtung zu begründen. Vielmehr muss die Entscheidung in einer genügend ausführlichen Weise bekannt gemacht werden, so dass in den Außenstehenden die geforderte „gerechtfertigte Erwartung" geweckt wird.[185]

---

[176] Vgl. Keitz, I. v. u. a. (2007), Rdnr. 17 i. V. m. Rdnr. 31.
[177] Vgl. IAS 37.10.
[178] Vgl. Hebestreit, G./Dörges, C. E. (2006), Rdnr. 37.
[179] Vgl. Hachmeister, D. (2006), S. 112; Förschle, G./Kroner, M./Heddäus, B. (1999), S. 47.
[180] Vgl. IAS 37.10.
[181] Vgl. F.60.
[182] Vgl. IAS 37 App. C Example 2B.
[183] Vgl. IAS 37.20.
[184] Vgl. Hachmeister, D. (2006), S. 114.
[185] Vgl. IAS 37.20.

3.3 Ansatz

Inwiefern allerdings die geforderte Erwartungshaltung Dritter bei faktischen Verpflichtungen dem Objektivierungsanspruch gerecht wird, ist in Frage zu stellen. So kann aus einer nicht passivierungsfähigen Innenverpflichtung durch öffentliche Bekanntmachung ggf. eine passivierbare faktische Außenverpflichtung entstehen.[186] Kritisch ist nach Meinung Moxters ebenso, dass der Bindungseffekt, der durch die Ankündigung einer Maßnahme gegenüber Dritten entsteht, im Vergleich zu einer Rechtsverpflichtung ungleich schwächer ist.[187] Bedingt durch die fehlenden Vollstreckungsmöglichkeiten können hier nur wirtschaftliche Sanktionen die Nichterfüllung der Verpflichtung verhindern.[188] Dennoch wird durch die Berücksichtigung faktischer Verpflichtungen dem Grundsatz der wirtschaftlichen Betrachtungsweise (substance over form) entsprochen.[189]

Darüber hinaus verlangt die Forderung der *Gegenwärtigkeit* der Verpflichtung das Entstehen der Verpflichtung aus einem vergangenen Ereignis.[190] Eine explizite Definition des Begriffs „gegenwärtig" wird nach IFRS nicht gegeben.[191] Es wird jedoch unterstellt, dass es in nahezu allen Fällen eindeutig sein wird, ob ein vergangenes Ereignis zu einer gegenwärtigen Verpflichtung führt.[192] Die Beurteilung, ob überhaupt eine Verpflichtung besteht, ist jedoch häufig nicht eindeutig zu beantworten und in der Praxis relevanter als die Darstellung des IASB vermuten lässt.[193] Rückstellungen sind zwar per Definition unsicher, gleichwohl kann nicht jede mögliche oder befürchtete Verpflichtung eine Passivierung rechtfertigen.[194] Ist das Bestehen einer gegenwärtigen Verpflichtung unklar, muss laut IASB eine Passivierung erfolgen, wenn mehr für das Bestehen der Verpflichtung als dagegen spricht (more likely than not).[195] Zur Beurteilung hat das Management alle verfügbaren, substanziellen Hinweise, wie den Rat von Sachverständigen, zu beachten.[196] Dies ist auch im Sinne der Wertaufhellung zu verstehen, d.h. auch nach dem Stichtag gewonnene Erkenntnisse über Gegebenheiten, die bereits am Bilanzstichtag vorgelegen haben, sind in die Beurteilung einzubeziehen.[197] Eine solche Unsicherheit über das Bestehen einer gegenwärtigen Verpflichtung kann bei einem Ge-

---

[186] Vgl. Keitz, I. v. u. a. (2007), Rdnr. 49.
[187] Vgl. Moxter, A. (2004), S. 1059.
[188] Vgl. Lüdenbach, N./Hoffmann, W.-D. (2005), S. 2345.
[189] Vgl. Hachmeister, D. (2006), S. 111 i. V. m. F.35.
[190] Vgl. Förschle, G./Kroner, M./Heddäus, B. (1999), S. 42.
[191] Vgl. kritisch hierzu Moxter, A. (2004), S. 1059 und Hoffman, W.-D. (2006), Rdnr. 20. Gemäß Framework besteht eine gegenwärtige Verpflichtung im Beispiel eines Kaufs nach Lieferung oder Abschluss eines Kaufvertrags. Die reine Kaufabsicht genügt hierfür nicht. Vgl. F.61; Keitz, I. v. u. a. (2007), Rdnr. 34.
[192] Vgl. IAS 37.16.
[193] Vgl. Hoffmann, W.-D. (2008), Rdnr. 35 i. V. m Keitz, I. v. u. a. (2007), Rdnr. 36.
[194] Vgl. Hoffmann, W.-D. (2008), Rdnr. 36.
[195] Vgl. IAS 37.15. Zum Wahrscheinlichkeitsbegriff vgl. ausführlich Kapitel 3.2.
[196] Vgl. IAS 37.16.
[197] Vgl. Gelhausen, H.-F./Pape, J./Schruff, W. (2007), Rdnr. 36 i. V. m. IAS 37.16 und IAS 10.3.

richtsprozess vorliegen. Hierbei muss unter Umständen von Sachverständigen geklärt werden, ob ein bestimmtes Verhalten des Unternehmens in der Vergangenheit eine Schadensersatzpflicht begründet oder nicht.[198]
Führt die Wahrscheinlichkeitsbeurteilung zu dem Schluss, dass keine Rückstellung zu passivieren ist, muss stattdessen die Verpflichtung als Eventualverbindlichkeit im Anhang angegeben werden. Die Anhangangabe entfällt allerdings, sofern ein Abfluss von Ressourcen mit wirtschaftlichem Nutzen als unwahrscheinlich (remote) betrachtet wird.[199]

3.3.1.2 Unentziehbarkeit auf Grund eines verpflichtenden Ereignisses der Vergangenheit

Bereits aus dem Ansatzkriterium der gegenwärtigen Verpflichtung ergibt sich, dass das Vorliegen eines vergangenen Ereignisses (past event) notwendig ist, um den Ansatz einer Rückstellung zu begründen.[200] Ein Ereignis (Ursache) muss, soll es eine gegenwärtige Verpflichtung begründen (Wirkung),[201] bis zum Bilanzstichtag eingetreten sein, denn das Ziel des Jahresabschlusses ist es, ein Bild der Vermögens-, Finanz- und Ertragslage zum Ende des Geschäftsjahres zu vermitteln.[202] Nach Ansicht von Moxter stellt das vergangene Ereignis ein äußerst unklares Kriterium dar, mit der Begründung, dass sich „künftige Aufwendungen (…) im Allgemeinen beliebigen Vergangenheitsereignissen betriebswirtschaftlich zuordnen [lassen]".[203] Da sowohl das Bestehen einer gegenwärtigen Verpflichtung als auch das Vorliegen eines Ereignisses der Vergangenheit schwierig zu beurteilen ist, muss dieses Ansatzkriterium weiter konkretisiert werden.[204]

Nicht jedes vergangene Ereignis führt zu einer passivierungspflichtigen gegenwärtigen Verpflichtung. Vielmehr muss zur Begründung der Passivierungspflicht ein verpflichtendes Ereignis (obligating event) vorliegen. Ein verpflichtendes Ereignis wird dadurch charakterisiert, dass das Unternehmen keine realistische Alternative zur Erfüllung der Verpflichtung hat,[205] will es massiven wirtschaftlichen Schaden vermeiden.[206] Die Entscheidung über den künftigen Ressourcenabfluss darf nicht

---
[198] Vgl. IAS 37.16.
[199] Vgl. IAS 37.16(b).
[200] Vgl. IAS 37.14(a).
[201] Vgl. Hebestreit, G./Dörges, C. E. (2006), Rdnr. 30.
[202] Vgl. IAS 37.18; Hachmeister, D. (2006), S. 115.
[203] Vgl. Moxter, A. (1999), S. 521.
[204] Vgl. Heuser, P. J./Theile, C./Pawelzik, K. U. (2007), Rdnr. 2311 i. V. m. Köhlmann, S. (2008), S. 81.
[205] Vgl. IAS 37.17.
[206] Vgl. IAS 37.17; Förschle, G./Kroner, M./Heddäus, B. (1999), S. 45.

3.3 Ansatz

mehr in der Hand des Unternehmens liegen.[207] Es hat folglich keine Möglichkeit sich der Verpflichtung zu entziehen.[208] Um dieser Anforderung gerecht zu werden, muss die Verpflichtung unabhängig von der künftigen Geschäftstätigkeit bestehen.[209] Die Unentziehbarkeit ist gemäß IAS 37.17 bei rechtlichen Verpflichtungen per Definition gegeben. Ebenso bei Verpflichtungen, die die Kriterien einer faktischen Verpflichtung erfüllen, d.h. wenn eine Außenverpflichtung vorliegt und bei Dritten eine gerechtfertigte Erwartung, dass das Unternehmen die Verpflichtung erfüllen wird, geweckt worden ist.[210]

Eine Möglichkeit zur Umgehung der Verpflichtung besteht etwa, wenn das Unternehmen den Ressourcenabfluss durch die Änderung eines Produktionsverfahrens oder Veräußerung einer Produktionsanlage vermeiden kann.[211] Die vollständige Geschäftsaufgabe und Liquidation des Unternehmens ist jedoch regelmäßig nicht als „äußerste Möglichkeit", anhand derer sich ein Unternehmen der Verpflichtung entziehen könnte, in Betracht zu ziehen.[212] Beispiele nach IAS 37 für eindeutig vergangenheitsorientierte Ereignisse sind Garantieverpflichtungen und ebenso Kulanzen.[213] Das verpflichtende Ereignis ist hier im Verkauf der Produkte in Verbindung mit der Gewährung der Garantie zu sehen.[214] Im Fall von Garantien ohne rechtliche Verpflichtung scheint diese Behandlung allerdings nicht unbedingt schlüssig, denn diese könnten durch eine Einstellung der Produktlinie vermieden werden, wodurch eine entziehbare Verpflichtung vorläge.[215]

Indem das Bestehen eines vergangenen Ereignisses vorausgesetzt wird, soll der Ansatz von Rückstellungen für Aufwendungen, die entstehen um künftig zu produzieren oder unternehmerisch tätig zu sein, ausgeschlossen werden.[216] Dies entspricht dem Grundsatz der periodengerechten Erfolgsermittlung (accrual basis),[217] welcher sich im matching principle und dem Realisationsprinzip niederschlägt.[218] Dadurch sollen die Verpflichtungen nicht nur durch ein vergangenes Ereignis ausgelöst werden, sondern auch vergangene Erträge abgelten, also im Sinne Moxters

---

[207] Vgl. Hebestreit, G./Dörges, C. E. (2006), Rdnr. 30.
[208] Vgl. Keitz, I. v. u. a. (2007), Rdnr. 42.
[209] Vgl. IAS 37.19.
[210] Vgl. IAS 37.17(a) und 37.17(b). Punkt (b) wiederholt lediglich die Definitionsmerkmale einer faktischen Verpflichtung nach IAS 37.10. Vgl. Keitz, I. v. u. a. (2007), Rdnr. 43 i. V. m. Förschle, G./Kroner, M./Heddäus, B. (1999), S. 45.
[211] Vgl. IAS 37.19 i. V. m. IAS 37 App. C Example 6.
[212] Vgl. Moxter, A. (1999), S. 521.
[213] Vgl. IAS 37 App. C Example 1 und Expamle 4 i. V. m. Hoffmann, W.-D. (2008), Rdnr. 23.
[214] Vgl. IAS 37 App. C Example 1.
[215] Vgl. Hoffmann, W.-D. (2008), Rdnr. 23 i. V. m. Moxter, A. (2004), S. 1059.
[216] Vgl. IAS 37.19; Förschle, G./Kroner, M./Heddäus, B. (1999), S. 45; Hoffmann, W.-D. (2008), Rdnr. 20; Keitz, I. v. u. a. (2007), Rdnr. 41.
[217] Vgl. Gelhausen, H.-F./Pape, J./Schruff, W. (2007), Rdnr. 37 i. V. m. F.22 und IAS 1.25 f.
[218] Vgl. Baetge, J. u. a. (2007), Rdnr. 36.

alimentieren.[219] Im Beispiel von Kulanzleistungen ist der untersagte Zusammenhang mit der zukünftigen Geschäftstätigkeit, wie bereits die Unentziehbarkeit, kritisch zu sehen, denn letztlich werden diese Leistungen erbracht, um die Kunden zum Wiederkauf zu bewegen und künftige Erlöse zu erzielen.[220] Insgesamt bleibt das Kriterium des Vergangenheitsbezuges unbestimmt, da hierdurch nicht die Tatbestandsmerkmale einer Verpflichtung an sich für die Passivierung entscheidend sind.[221] So entsteht beispielsweise die rechtliche Verpflichtung einen Jahresabschluss aufzustellen erst nach dem Bilanzstichtag, weshalb argumentiert werden könnte, dass keine Rückstellung zum Geschäftsjahresende zu passivieren ist, auch wenn dies sicherlich nicht der Intention der Regelung entspricht.[222]

Darüber hinaus entsprechen der Periodisierungsgedanke sowie das Realisationsprinzip nicht in jedem Fall dem Grundsatz der Unentziehbarkeit. Ein Beispiel hierfür stellen Überholungsaufwendungen dar, die sich aus dem Betrieb eines Luftfahrzeugs ergeben. Die Notwendigkeit zur Überholung kann auch durch die bisherige Nutzung verursacht sein,[223] d.h. die Aufwendungen sind zumindest teilweise vergangenen Erträgen zuordenbar. Da das Unternehmen die Aufwendungen allerdings durch die zukünftige Entscheidung, das Luftfahrzeug zu veräußern oder stillzulegen, vermeiden kann, sich also der Verpflichtung entziehen kann, darf nach IAS 37 keine Rückstellung passiviert werden.[224] Andererseits ist es auch möglich, dass dem Periodisierungsgedanken folgend eine Verpflichtung nicht passiviert werden dürfte, aber auf Grund der Unentziehbarkeit passiviert werden muss, da beispielsweise die Verpflichtung bereits rechtlich entstanden ist. So ist die Ausgleichsverpflichtung für einen Handelsvertreter zu passivieren, obwohl diese erst durch künftige Erträge kompensiert wird.[225] Der Erfüllung des Unentziehbarkeitskriteriums kommt nach IAS 37 im Gegensatz zum HGB die Entscheidung über die Bildung einer Verbindlichkeitsrückstellung zu.[226] Dies führt in vielen Fällen zum selben Ergebnis wie die Anwendung der Wesentlichkeitsthese, da durch das Vorliegen eines vergangenen Ereignisses, aus dem die Unentziehbarkeit resultiert, gleichfalls die „wesentlichen Tatbestandsmerkmale" erfüllt sind.[227] Damit setzt das IASB das Kriterium der Unentziehbarkeit als Maßstab, der den Zeitpunkt der Rückstellungsbildung determiniert.[228]

---

[219] Vgl. Hachmeister, D. (2006), S. 119 i. V. m. Moxter, A. (2004), S. 1058. Vgl. hierzu ausführlich Kapitel 2.1.2.
[220] Vgl. Lüdenbach, N./Hoffmann, W.-D. (2005), S. 2345.
[221] Vgl. Euler, R./Engel-Ciric, D. (2004), S. 146.
[222] Vgl. Moxter, A. (2004), S. 1059 i. V. m. Hachmeister, D. (2006), S. 119.
[223] Vgl. Moxter, A. (1999), S. 521.
[224] Vgl. IAS 37 App. C Example 11B.
[225] Vgl. Hachmeister, D. (2006), S. 120.
[226] Vgl. Förschle, G./Kroner, M./Heddäus, B. (1999), S. 46.
[227] Vgl. Kayser, M. (2002), S. 117. Vgl. hierzu ausführlich Kapitel 2.1.2.
[228] Vgl. Gelhausen, H.-F./Pape, J./Schruff, W. (2007), Rdnr. 35.

Liegt kein verpflichtendes Ereignis und damit auch keine Unentziehbarkeit vor, kann ein vergangenes Ereignis in Folge von Gesetzesänderungen oder Handlungen des Unternehmens zu einem späteren Zeitpunkt eine Verpflichtung begründen. Infolgedessen kann ein Unternehmen durch die Verabschiedung eines neuen Gesetzes oder durch eine öffentliche Ankündigung z.B. zur Beseitigung von Umweltschäden verpflichtet werden, auch wenn zum Zeitpunkt der Verursachung der Schäden die Verpflichtung noch nicht bestand.[229]

3.3.1.3 Verschärfung der Ansatzkriterien für faktische Verpflichtungen nach ED IAS 37

Die Passivierung einer liability[230] setzt auch nach den Änderungsvorschlägen des ED IAS 37 auf der Definition einer Schuld des Frameworks auf und erfordert daher weiterhin das Vorliegen einer gegenwärtigen Verpflichtung aus einem vergangenen Ereignis.[231] Hat der Standardentwurf noch auf das „more-likely-than-not-Kriterium" für das Bestehen einer gegenwärtigen Verpflichtung verzichtet, erwägt das IASB dieses Kriterium wieder aufzunehmen, um eine einheitliche Anwendung zu gewährleisten. Zusätzlich sollen auch Indikatoren, die als Richtlinie zur Beurteilung für das Bestehen einer unsicheren Verbindlichkeit dienen, in einem endgültigen Standard enthalten sein.[232] Darüber hinaus behält der Standardentwurf auch die Passivierungsvoraussetzung der Unentziehbarkeit auf Grund eines verpflichtenden Ereignisses bei.[233] Ohne inhaltliche Änderung formuliert der Standardentwurf, dass diese vorliegt, wenn „the entity has little, if any, discretion to avoid settling it".[234]

Indes enthält der Standardentwurf jedoch eine Verschärfung der Kriterien für faktische Verpflichtungen.[235] Anlass hierfür war die Überarbeitung der Bilanzierung von Restrukturierungsrückstellungen.[236] So muss nach der neuen Definition für faktische Verpflichtungen bei Dritten nicht nur die gerechtfertigte Erwartung her-

---

[229] Vgl. IAS 37.21.
[230] ED IAS 37 verwendet noch den Begriff „non-financial" liability. Vgl. Kapitel 3.1.4.
[231] Vgl. ED IAS 37.11 i. V. m. .F.49. Das Kriterium der Gegenwärtigkeit ist maßgeblich für die Unterscheidung zwischen einer Verbindlichkeit und dem allgemeinen Unternehmerrisiko. Deshalb sollen in einen finalen Standard weitere Indikatoren (vgl. zu diesen Indikatoren IASCF (2008a), S. 6 i. V. m. IASCF (2007a), S. 5) für das Vorliegen einer gegenwärtigen Verpflichtung integriert werden. Vgl. IASCF (2007c), S. 5.
[232] Vgl. IASB (2007d), S. 2 f.; IASB (2006b), S. 6; IASCF (2007b), S. 3. Zu diesen Indikatoren vgl. ausführlich IASCF (2008a), S. 8; Ernst & Young (2008), S. 1991.
[233] Vgl. ED IAS 37.13; Köhlmann, S. (2007), S. 83.
[234] ED IAS 37.13.
[235] Vgl. Köhlmann, S. (2007), S. 83.
[236] Vgl. Andrejewski, K. C./Mielke, O. (2005), S. 587.

vorgerufen werden, dass ein Unternehmen seinen Verpflichtungen nachkommt, sondern ein Dritter soll sich auch nach vernünftigem Ermessen darauf verlassen können (reasonably rely).[237]

Mit dieser Erhöhung der Ansatzhürde begegnet das IASB seiner Befürchtung, dass die derzeitigen Regelungen des IAS 37 so ausgelegt werden können, als sei es möglich, eine faktische Verpflichtung für geplante Ausgaben anzusetzen, obwohl eine gegenwärtige Verpflichtung nicht vorliegt. Dies ist beispielsweise bei Leistungsversprechen gegenüber der Allgemeinheit, für die keine gesetzliche Verpflichtung besteht, fraglich. Kann eine öffentliche Ankündigung eines Unternehmens wirklich zur Unentziehbarkeit, und damit zu einer gegenwärtigen Verpflichtung auf Grund eines vergangenen Ereignisses führen, wie es IAS 37 bislang annimmt?[238] Aus diesen Überlegungen heraus schloss sich das IASB der Ansicht des FASB an, dass ein Versprechen und daher eine Verpflichtung aus dem Handeln eines Unternehmens abgeleitet werden kann, wenn sich Dritte auf die Erfüllung der Verpflichtung verlassen können[239] und sich das Unternehmen in der Folge der Verpflichtung nicht mehr entziehen kann.[240] Hierzu müssen folgende drei Voraussetzungen erfüllt sein:

- das Unternehmen hat die Erfüllung bestimmter Verpflichtungen Dritten gegenüber angedeutet,
- diese können vernünftiger Weise erwarten, dass das Unternehmen den Verpflichtungen nachkommt und
- die Dritten werden entweder von der Leistung des Unternehmens profitieren oder, falls diese nicht erbracht wird, einen Verlust erleiden.[241]

Durch die Übernahme dieser Ansatzkriterien erfolgt eine Angleichung an die entsprechende Regelung in US-GAAP.[242] Jedoch bleiben die Ansatzvoraussetzungen weniger streng als das von SFAS 143 geforderte „promisory estoppel", nach dem der Ansatz einer faktischen Verpflichtung nur möglich ist, wenn deren Erfüllung gerichtlich durchsetzbar ist.[243]

Das IASB betont trotz dieser Änderung explizit, dass diese nicht dazu führen soll, gängige Fälle faktischer Verpflichtungen wie Umweltschutzverpflichtungen oder Gewährleistungsverpflichtungen zu verändern.[244] Leider enthält der Entwurf keine

---

[237] Vgl. ED IAS 37.10(b).
[238] Vgl. ED IAS 37.BC57; Andrejewski, K. C./Mielke, O. (2005), S. 587.
[239] Vgl. ED IAS 37.BC56.
[240] Vgl. ED IAS 37.15.
[241] Vgl. ED IAS 37.15.
[242] Vgl. ED IAS 37.BC57.
[243] Vgl. ED IAS 37.14 i. V. m. ED IAS 37.BC58 f.
[244] Vgl. ED IAS 37.BC60.

Beispiele für Sachverhalte, die nun nicht mehr passivierungsfähig sein sollen.[245] Die Änderungsvorschläge versuchen der Kritik zu begegnen, dass bei den gültigen Regelungen erhebliche Ermessensspielräume bestehen und man sich einer faktischen Verpflichtung quasi sanktionslos entziehen kann.[246] Doch durch den Versuch des IASB die Objektivierung in diesem Bereich zu erhöhen, wird vermutlich keine materielle Änderung der Bilanzierung faktischer Verpflichtungen ausgelöst. Vielmehr werden dem Unternehmen weitere Gestaltungsspielräume eröffnet, denn dieses kann durch sein Verhalten gegenüber Außenstehenden Zweifel an der Erfüllung der Verpflichtung aufkommen lassen oder nicht.[247] Auch eine Verschärfung der Ansatzkriterien kann nichts daran ändern, dass faktische Verpflichtungen naturgemäß auf rein wirtschaftlichen Zwängen beruhen und daher letztendlich nie gänzlich unentziehbar sein werden.[248] Daher fällt auch, wie vielfach in der redeliberation phase bemängelt wurde, die Unterscheidung zum allgemeinen Unternehmerrisiko schwer. Auf Grund der geäußerten Kritik beschloss das Board, im finalen Standard hervorzuheben, dass faktische Verpflichtungen die Kriterien einer gegenwärtigen Verpflichtung erfüllen und durch rechtsähnliche Mittel durchsetzbar sein müssen, was ebenfalls noch weitergehend ausgeführt werden soll.[249]

3.3.1.4 Passivierung einer Vollrückstellung für Entsorgungs- und Wiederherstellungsverpflichtungen

Bei Entsorgungs- und Wiederherstellungsverpflichtungen kann es sich sowohl um rechtliche wie auch um faktische Verpflichtungen handeln. Eine rechtliche Verpflichtung kann beispielsweise auf der Basis des Atomgesetzes entstehen, das in Deutschland die Hauptvorschrift für die Entsorgung von nuklearen Abfällen ist.[250] Da sich das Unternehmen auf Grund dieses Gesetzes der Verpflichtung zum Zeitpunkt der Inbetriebnahme nicht mehr entziehen kann, ist hier der Erfüllungsbetrag der Entsorgungskosten in voller Höhe zu passivieren.[251] Ebenso ist es auch möglich, dass beispielsweise ein Lizenzvertrag für die Exploration eines Ölfeldes den Abbau der Ölbohrinsel am Ende der Nutzungsdauer verlangt.[252] Dabei erfüllt nach h. M. eine rechtlich nicht voll entstandene Verpflichtung das nach IFRS maßgebliche Kriterium der Unentziehbarkeit, wenn „das bilanzierende Unternehmen auf

---

[245] Vgl. Köhlmann, S. (2007), S. 83.
[246] Vgl. Rüdinger, A. (2004), S. 62 i. V. m. Klaholz, T. (2005), S. 87.
[247] Vgl. Andrejewski, K. C./Mielke, O. (2005), S. 588.
[248] Vgl. Klaholz, T. (2005), S. 88.
[249] Zu dieser Diskussion vgl. ausführlich IASCF (2008a), S. 10; IASB (2007a); IASB (2007b), S. 6-13; IASB (2007c), S. 1-6; IASCF (2007a), S. 5; IASCF (2007b), S. 3; IASCF (2007c), S. 4; IASB (2006a), S. 4.
[250] Vgl. §§7 und 9a AtG i. V. m. Köhlmann, S. (2008), S. 38; Führich, G. (2006), S. 1271.
[251] Vgl. Förschle, G./Kroner, M./Heddäus, B. (1999), S. 46.
[252] Vgl. IAS 37 App. C Example 3.

die Erfüllung der noch ausstehenden Tatbestandsmerkmale keinen Einfluss mehr nehmen kann".[253] Im Fall von Anpassungsverpflichtungen,[254] die beispielsweise auf Grund von Gesetzesänderungen zur Durchsetzung höherer Umweltschutzauflagen entstehen, ist diese Voraussetzung nicht gegeben.[255] Hier kann sich das Unternehmen auch noch nach Ablauf einer Übergangsfrist der Verpflichtung durch Stilllegung der Anlage entziehen. Der Verpflichtung zur Zahlung einer etwaigen Geldbuße wegen des nicht gesetzlichen Weiterbetreibens der Anlage, kann sich das Unternehmen hingegen nicht entziehen, weshalb hierfür eine Rückstellung zu bilden ist.[256]

Im Rahmen von faktischen Verpflichtungen spielen in Bezug auf Umweltschäden freiwillige Selbstverpflichtungen eine große Rolle. So kann eine faktische Verpflichtung auf Grundlage einer entsprechend kommunizierten Umweltpolitik eines Unternehmens entstehen,[257] sofern diese bis zum Bilanzstichtag gegenüber Dritten bekannt gemacht wurde und gleichfalls ein verpflichtendes Ereignis bis zu diesem Zeitpunkt eingetreten ist. Diese Objektivierungsanforderungen kann jedoch auch zur Sachverhaltsgestaltung genutzt werden, indem der Zeitpunkt der notwendigen öffentlichen Erklärung, je nach gewünschter Auswirkung, vor oder nach dem Bilanzstichtag gewählt wird.[258] Auch das im ED erstmals vorgesehene Ansatzkriterium, dass ein Dritter entweder von der Leistung des Unternehmens profitieren, oder, falls diese nicht erbracht wird, einen Verlust erleiden muss, kann mit einiger Schwierigkeit behaftet sein. So ist es fraglich, wie dies zu beurteilen ist, wenn ein Unternehmen ohne gesetzliche Verpflichtung Umweltschäden beseitigt und die Verpflichtung gegenüber der allgemeinen Öffentlichkeit besteht.[259] Das IASB nimmt bei diesem Sachverhalt jedoch an, dass die Allgemeinheit einen Schaden erleidet, wenn ein Unternehmen die von ihm verursachte Umweltverschmutzung nicht beseitigt.[260]

Entsorgungs- und Wiederherstellungsverpflichtungen sind, auch wenn sie Erträge alimentieren, die erst nach dem Entstehen der Verpflichtung gemäß IAS 37.14 realisiert werden, ungeachtet dieser Tatsache in voller Höhe zu passivieren.[261] Da zu-

---

[253] Vgl. Klaholz, T. (2005), S. 70.
[254] Unter Anpassungsverpflichtungen versteht man Verpflichtungen für Anpassungsmaßnahmen, die durch technische Modifizierung bereits bestehender Anlagen künftige Umweltschäden verhindern oder reduzieren sollen. Vgl. Förschle, G./Scheffels, R. (1993), S. 1198.
[255] Vgl. Gelhausen, H.-F./Pape, J./Schruff, W. (2007), Rdnr. 135 und 137.
[256] Vgl. Schrimpf-Dörges, C. E. (2006), S. 275 f.
[257] Vgl. IAS 37 App. C Example 2B; ED IAS 37.IE Example 3B i. V. m. Schrimpf-Dörges, C. E. (2006), S. 206 und Förschle, G./Kroner, M./Heddäus, B. (1999), S. 45. Vgl. kritisch hierzu Moxter, A. (2004a), S. 1059.
[258] Vgl. Klaholz, T. (2005), S. 72 f.
[259] Vgl. Andrejewski, K. C./Mielke, O. (2005), S. 588.
[260] Vgl. ED IAS 37.IE Example 3B.
[261] Vgl. zur Alimentationsthese Kapitel 2.1.2.

gleich Rückstellungen lediglich insoweit angesetzt werden dürfen, wie sie unabhängig von der künftigen Geschäftstätigkeit zu einer Verpflichtung führen, müssen sich auch passivierbare Entsorgungsverpflichtungen auf die Beseitigung bereits entstandener Schäden beziehen.[262] Hierzu ist die Verpflichtung unter Umständen, wie folgendes Beispiel zeigt, entsprechend aufzuteilen.

Beispiel: Die Gravel AG aus Pittsburgh erwirbt im Jahr 2009 eine Kiesgrube, in der im folgenden Jahr mit dem Kiesabbau begonnen werden soll. Das Unternehmen ist zur Rekultivierung der Kiesgrube am Ende der Nutzung verpflichtet. Dementsprechend müssen die Teile, die ausgehoben wurden, später wieder aufgefüllt werden. Außerdem muss die Oberfläche der Grube wieder begrünt werden. Im Jahr 2009 wird zur Vorbereitung für den Kiesabbau die gesamte Oberfläche der Grube abgetragen. Im Jahr 2010 soll schließlich mit dem Abbau selbst begonnen werden.

Aus diesem Sachverhalt ergibt sich zum Bilanzstichtag 2009 folgende Situation: Die Abtragung der Oberfläche stellt ein verpflichtendes Ereignis dar, das eine gegenwärtige Verpflichtung zur Wiederherstellung der Oberfläche auslöst, welcher sich die Gravel AG nicht mehr entziehen kann. Auf Grund der Unsicherheit hinsichtlich der genauen Höhe der Verpflichtung muss das Unternehmen im Jahresabschluss 2009 hierfür eine Rückstellung nach IAS 37 passivieren. Es besteht hingegen noch keine Verpflichtung zur Wiederauffüllung der Grube. Diese entsteht erst mit Beginn des Abbaus und erhöht sich je nach Fortschritt der Arbeiten, da hierdurch die Größe des wiederaufzufüllenden Teils und damit die Aufwendungen für die Verpflichtung determiniert werden.[263]

3.3.2 Wahrscheinlichkeit der Inanspruchnahme

3.3.2.1 Wahrscheinlicher Abfluss von Ressourcen mit wirtschaftlichem Nutzen

Zur Erfüllung der Ansatzvoraussetzungen einer Schuld muss nicht nur eine gegenwärtige Verpflichtung aus einem vergangenen Ereignis vorliegen, sondern der Abfluss von Ressourcen durch die Erfüllung der Verpflichtung muss darüber hinaus wahrscheinlich sein.[264] Die Verpflichtung kann z.B. durch die Zahlung flüssiger Mittel, die Übertragung anderer Vermögenswerte oder die Erbringung einer

---

[262] Vgl. IAS 37.19.
[263] Beispiel angelehnt an Beispiel in Bezug auf eine Ölplattform aus IAS 37 App. C Example 3 und ED IAS 37.IE Example 6 sowie Klaholz, T. (2005), S. 135. Vgl. weiterführend Kapitel 3.5.
[264] Vgl. IAS 37.24.

Dienstleistung erfüllt werden.[265] Die Wahrscheinlichkeit, dass es zu einem solchen Ressourcenabfluss kommt, muss größer sein als die Wahrscheinlichkeit, dass kein Ressourcenabfluss eintritt.[266] Es besteht eine enge Verbindung zwischen der Wahrscheinlichkeit des Bestehens einer gegenwärtigen Verpflichtung und der Wahrscheinlichkeit des Vermögensabflusses. Dennoch sind beide nicht deckungsgleich.[267] Besteht eine Verpflichtung, ist aber nicht damit zu rechnen, dass der Gläubiger seine Ansprüche einfordert, muss keine Rückstellung angesetzt werden. So ist im Fall einer übernommenen Bürgschaft der Ressourcenabfluss nicht zwangsläufig wahrscheinlich. Sofern das Unternehmen, für das gebürgt wurde, entsprechend solvent ist, muss mit der Inanspruchnahme der Bürgschaft nicht gerechnet werden.[268]

Um die Wahrscheinlichkeit des Ressourcenabflusses zu beurteilen, spielt es keine Rolle, ob der Gläubiger seinen Anspruch kennt; die Möglichkeit der Kenntnisnahme genügt.[269] Darüber hinaus muss der Ressourcenabfluss nicht zwangsläufig für jede einzelne Verpflichtung als wahrscheinlich eingestuft werden. Im Fall einer Gruppe ähnlicher Verpflichtungen ist die Wahrscheinlichkeit der Vermögensbelastung durch die Betrachtung der gesamten Gruppe zu bestimmen. So kann der Abfluss von Ressourcen zur Erfüllung der Gruppe von ähnlichen Verpflichtungen insgesamt wahrscheinlich sein, wie typischerweise bei Produktgarantien, obwohl dies für die Einzelverpflichtung nicht zutrifft.[270]

3.3.2.2 Ansatz von unbedingten Verpflichtungen nach ED IAS 37

ED IAS 37 sieht die Streichung dieses Ansatzkriteriums der wahrscheinlichen Inanspruchnahme vor und löst damit eine konzeptionelle Änderung der Passivierung von Rückstellungen aus.[271] Künftig sollen alle gegenwärtigen Verpflichtungen zunächst per se als passivierbar erachtet werden, mit Ausnahme der sehr seltenen Fälle, in denen eine zuverlässige Bewertung nicht möglich ist.[272] Die Frage der Wahrscheinlichkeit des Ressourcenabflusses wird von der Ansatzebene auf die Ebene der Bewertung verlagert. Auf Wunsch des Standardsetters sollen somit alle identifizierten Auszahlungspotenziale bilanzierungsfähig sein,[273] wodurch sämt-

---

[265] Vgl. F.62.
[266] Vgl. IAS 37.23. Zum Wahrscheinlichkeitsbegriff vgl. ausführlich Kapitel 3.2.
[267] Vgl. Haaker, A. (2005a), S. 9.
[268] Vgl. Keitz, I. v. u. a. (2007), Rdnr. 51.
[269] Vgl. Hebestreit, G./Dörges, C. E. (2006), Rdnr. 43.
[270] Vgl. IAS 37.24.
[271] Vgl. ED IAS 37.11.
[272] Ist eine zuverlässige Bewertung nicht möglich, ist eine Anhangangabe u. a. zur Art der Verpflichtung und der Unsicherheit zu machen. Vgl. ED IAS 37.69.
[273] Vgl. Kühne, M./Nerlich, C. (2005), S. 1840; Köhlmann, S. (2007), S. 85; Hayn, S. (2008), S. 469.

3.3 Ansatz 55

liche bisher auf Grund der Wahrscheinlichkeitsanforderung nicht passivierbaren Eventualverpflichtungen grundsätzlich ansatzpflichtig werden.

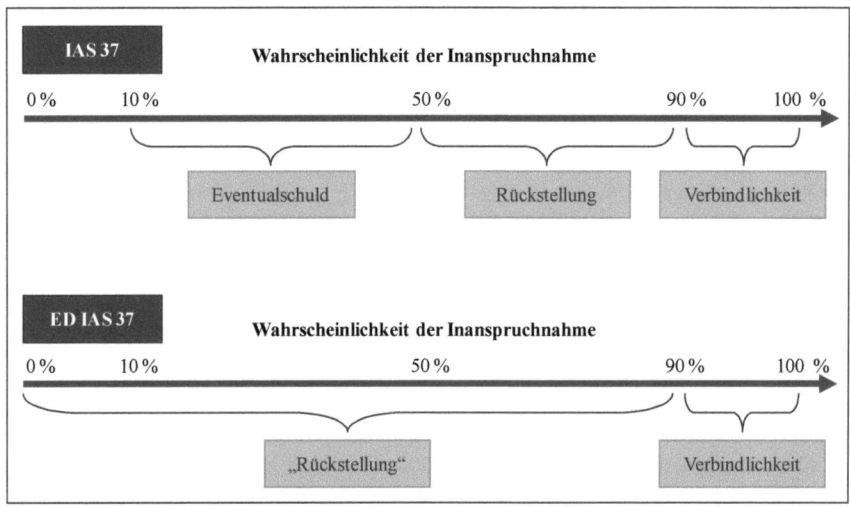

Abbildung 5: Neues Ansatzkonzept für Rückstellungen
(In Anlehnung an Erdmann, M.-K./Zülch, H./Palfner, A. (2007), S. 451.)

Der Ansatzentwurf betont die Bedeutung der gegenwärtigen Verpflichtung als wesentliches Kennzeichen einer Schuld[274] und daher als zwingende Ansatzvoraussetzung.[275] Demzufolge können bedingte Verpflichtungen, die vom Eintritt eines künftigen Ereignisses abhängen, nicht passiviert werden.[276] Allerdings fingiert der Standardentwurf, dass ggf. bedingte Verpflichtungen zugleich mit einer unbedingten Verpflichtung verknüpft sind.[277] Diese unbedingte Verpflichtung ist nach dem neuen, aus US-GAAP stammenden Konzept,[278] unabhängig von der Eintrittswahrscheinlichkeit des künftigen Ereignisses als so genannte „Stand-ready-Verpflich-

---

[274] Vgl. ED IAS 37.13 i. V. m. Schween, C. (2007), S. 687 f.
[275] Vgl. Kühne, M./Schween, C. (2006), S.171.
[276] Vgl. Schween, C. (2007), S. 688. Zur Identifizierung der Unsicherheit hinsichtlich des Bestehens gegenwärtiger Verpflichtungen sollen Indikatoren in den Standard aufgenommen werden. Vgl. Kapitel 3.3.1.3.
[277] Vgl. ED IAS 37.22.
[278] Vgl. Hayn, S. (2008), Rdnr. 123.

tung" zu bilanzieren, sofern sie die Definitionskriterien einer Schuld erfüllt.[279] Folglich ist die unbedingte Verpflichtung, sich zur Erfüllung der bedingten Verpflichtung bereitzuhalten, zu passivieren.[280] Die Wahrscheinlichkeit, dass der Schadensfall eintritt, und damit die bedingte Verpflichtung, geht in die Bewertung der Verbindlichkeit mit ein (vgl. Anhang 5).[281]

Beispiel: Ein Hersteller von Küchengeräten gewährt den Käufern seiner Produkte eine Garantie und verpflichtet sich dadurch, Fabrikationsfehler auszubessern. Das vergangene Ereignis, das zum Ansatz einer Rückstellung führt, ist der Verkauf der Produkte. Betrachtet man die Garantieverpflichtungen als Ganzes, ist der Abfluss von Ressourcen wahrscheinlich; eine Rückstellung ist nach derzeitigem Verständnis zu passivieren.[282] Allerdings ist die Inanspruchnahme abhängig davon, ob Mängel auftreten und entsprechende Ansprüche gegenüber dem Verkäufer geltend gemacht werden. Folglich handelt es sich hier um eine bedingte und keine gegenwärtige Verpflichtung, die nach neuem Verständnis nicht mehr angesetzt werden darf. Hingegen ist die Verpflichtung, im Schadensfall das Produkt zu reparieren, eine unbedingte Verpflichtung, da der Verkäufer sich dieser nicht entziehen kann. Diese ist nun zu passivieren.[283] Zu dem Ergebnis der Passivierungspflicht kommt man bei Anwendung der vorgeschlagenen Regelungen auch, wenn es sich um eine Einzelgarantie (deren Inanspruchnahme üblicherweise in der Praxis nicht wahrscheinlich ist) handelt. Derzeit muss hier jedoch nach IAS 37 ein Ansatz auf Grund der nicht ausreichenden Wahrscheinlichkeit unterbleiben.[284]

Die neue Ansatzkonzeption führt stets bei Einzelverpflichtungen mit geringen Eintrittswahrscheinlichkeiten zu einer im Vergleich zu den gültigen Regelungen des IAS 37 früheren Passivierung.[285] Auch das IASB erkennt an, dass der Umfang nicht bilanzierungspflichtiger Sachverhalte bei Umsetzung des ED drastisch abnehmen wird, da bisher lediglich angabepflichtige Eventualverbindlichkeiten zumeist von einer unbedingten Verpflichtung begleitet werden und daher nun bilanzierungspflichtig sind.[286] Trotz der während der redeliberation phase geäußerten Kritik, hält das IASB an dieser fundamentale Neuausrichtung der Ansatzkonzep-

---

[279] Die Definitionskriterien einer Schuld erfordern das Bestehen einer gegenwärtigen Verpflichtung aus einem vergangenen Ereignis, deren Erfüllung für das Unternehmen erwartungsgemäß mit einem Abfluss von Ressourcen mit wirtschaftlichem Nutzen verbunden ist. Vgl. ED IAS 37.10. Das IASB stellt klar, dass für das Vorliegen eines „erwarteten Ressourcenabflusses" kein bestimmtes Maß an Sicherheit notwendig ist. Vgl. IASCF (2006c), S. 5.
[280] Vgl. ED IAS 37.23 f.
[281] Vgl. Fladt, G./Feige, P. (2006), S. 276; Hayn, S. (2008), Rdnr. 123; Brücks, M./Duhr, A. (2006), S. 246.
[282] Vgl. IAS 37 App. C Example 1.
[283] Vgl. ED IAS 37.BC43; Fladt, G./Feige, P. (2006), S. 276; Hayn, S. (2008), Rdnr. 123.
[284] Vgl. IAS 37.23 i. V. m. Kühne, M./Schween, C. (2006), S. 175.
[285] Vgl. Kühne, M./Schween, C. (2006), S. 175.
[286] Vgl. ED IAS 37.BC32 i. V. m. Andrejewski, K. C./Mielke, O. (2005), S. 584; Küting, K./Wohlgemuth, F. (2006), S. 2328; Kühne, M./Schween, C. (2006), S. 175.

3.3 Ansatz

tion fest.²⁸⁷ Ursächlich hierfür ist die Auffassung des IASB, nach der es einen gravierenden konzeptionellen Mangel darstellt, dass bislang neben gegenwärtig tatsächlich bestehenden Verpflichtungen auch lediglich wahrscheinlich existierende Verpflichtungen zu passivieren sind, wie folgendes Beispiel zeigt.²⁸⁸

Beispiel: Ein Lebensmittelhersteller wird verklagt, nachdem einige Kunden nach dem Verzehr der Produkte des Unternehmens an einer Lebensmittelvergiftung erkrankten.²⁸⁹ Bei Anwendung des bisherigen IAS 37 ist eine Rückstellung für den erwarteten Zahlungsmittelabfluss anzusetzen, sobald ein Schuldspruch wahrscheinlich ist. Solange kein Urteil ergangen ist, handelt es sich hierbei jedoch nicht um eine gegenwärtige, sondern lediglich um eine wahrscheinliche Verpflichtung.²⁹⁰ Dieses Problem wird durch das neue Ansatzkonzept gelöst, indem nicht die Verpflichtung zur Zahlung einer Strafe, sondern die *gegenwärtige* Stand-ready-Verpflichtung das Gerichtsurteil zu akzeptieren, bilanziert wird, sobald ein Unternehmen weiß, dass es ein Gesetz oder einen Vertrag gebrochen hat.²⁹¹

Durch die Bilanzierung von Stand-ready-Verpflichtungen erfolgt sowohl eine Angleichung an die Regelungen des IFRS 3, nach der alle bewertbaren Leistungspotenziale unabhängig von der Wahrscheinlichkeit des Ressourcenabflusses bilanzierungsfähig sind,²⁹² als auch die Durchsetzung der im Framework verankerten Ansatzvoraussetzung der gegenwärtigen Verpflichtung.²⁹³ Es ist kritisch zu sehen, dass durch den Wegfall des Ansatzkriteriums der Wahrscheinlichkeit des Nutzenabflusses diese, ebenfalls im Framework niedergelegte Anforderung, nicht erfüllt wird,²⁹⁴ wenngleich das Framework den Begriff „probable" nicht weiter auslegt und daher nicht zwingend die „more-likely-than-not"-Schwelle im Sinne von IAS 37 darunter zu verstehen ist.²⁹⁵ Aus der neuen Sichtweise des IASB wird jedoch das Wahrscheinlichkeitskriterium, bezogen auf gegenwärtige, unbedingte Verpflichtungen, stets als erfüllt angesehen.²⁹⁶ Denn das „Sich-zur-Erfüllung-Bereithalten" selbst wird als Leistung, die einen wirtschaftlichen Ressourcenabfluss nach sich zieht, erachtet.²⁹⁷ Da mit Leistungspotenzialen, die die „Liability"-

---
²⁸⁷ Vgl. IASCF (2008a), S.11 f.; IASCF (2008b), S. 3.
²⁸⁸ Vgl. Kühne, M./Nerlich, C. (2005), S. 1840.
²⁸⁹ Beispiel in Anlehnung an ED IAS 37.IE Example 1.
²⁹⁰ Vgl. Kühne, M./Schween, C. (2006), S. 173.
²⁹¹ Vgl. Fladt, G./Feige, P. (2006), S. 276. Das verpflichtende Ereignis ist das schuldhafte Verhalten des Unternehmens (vgl. ED IAS 37.IE Example 2). Von der in ED IAS 37.IE Example 1 dargestellten Ansicht, dass der Beginn des Prozesses das verpflichtende Ereignis darstellt, kam das IASB in der redeliberation phase auf Grund der Unvereinbarkeit der Regelung ab. Vgl. IASB (2006a), S. 6 f.;. IASCF (2006d), S. 3; IASCF (2008a), S. 9.
²⁹² Vgl. IFRS 3.37(c) bzw. IFRS 3(rev. 2008).23.
²⁹³ Vgl. Kühne, M./Schween, C. (2006), S. 174.
²⁹⁴ Vgl. F.83(a) i. V. m. Fladt, G./Feige, P. (2006), S. 276.
²⁹⁵ Vgl. IASCF (2006d), S. 3; IASCF (2008a), S. 11; IASB (2006a), S. 10 i. V. m. IAS 37.23.
²⁹⁶ Vgl. ED IAS 37.BC47.
²⁹⁷ Vgl. ED IAS 37.BC42 f. i. V. m. Kühne, M./Schween, C. (2006), S. 174 f.

Definition erfüllen und daher gegenwärtig sind, immer ein gewisser Ressourcenabfluss verbunden ist, bestünde laut IASB kein Widerspruch zu den Anforderungen des Frameworks.[298]

Durch den Grundsatz unbedingte Verpflichtungen anzusetzen, wird die Unsicherheit im Rahmen der Ansatzfrage quasi „wegdefiniert".[299] Daher muss der Ressourcenabfluss hier nicht mehr nachgewiesen werden, wodurch zugleich ein großer Ermessensspielraum wegfällt. Allerdings wird dieser Ermessensspielraum letztlich mit dem Wahrscheinlichkeitskriterium lediglich auf die Bewertungsebene verlagert.

3.3.2.3 Sichere Inanspruchnahme bei Entsorgungs- und Wiederherstellungsverpflichtungen

Im Rahmen von Entsorgungs- und Wiederherstellungsverpflichtungen kann die Wahrscheinlichkeit der künftigen Inanspruchnahme aus der Verpflichtung, und somit die künftige Vermögensbelastung, bei den meisten Sachverhalten als sicher eingestuft werden.[300] Beispielsweise hat im Fall von Entsorgungsverpflichtungen für nukleare Abfälle der Betreiber eines Kernkraftwerks keine realistische Alternative sich der Verpflichtung kostenneutral zu entziehen. Dies zumal hier Vereinbarungen mit weiteren an der Entsorgung beteiligten Vertragspartnern bestehen, die die Einhaltung der Verträge fordern.[301] Da der Ansatz von Entsorgungs- und Wiederherstellungsverpflichtungen nicht an diesem Kriterium scheitert, ergeben sich durch das neue, durch ED IAS 37 vorgeschlagene Ansatzkonzept keine wesentlichen Änderungen.

3.3.3 Verlässliche Schätzbarkeit

3.3.3.1 Verlässliche Schätzbarkeit der Verpflichtungshöhe

Das letzte, von IAS 37.14 geforderte Ansatzkriterium ist die zuverlässige Schätzbarkeit der Höhe der Verpflichtung. Rückstellungen sind in höherem Maße mit Unsicherheiten behaftet als andere Bilanzposten. Dennoch dürfte ein Unternehmen, abgesehen von sehr seltenen Fällen, in der Lage sein, eine Bandbreite des möglichen, künftigen Mittelabflusses zu bestimmen.[302] In den äußerst seltenen Fällen, in denen die Höhe der Verpflichtung nicht verlässlich bewertbar, d.h.

---

[298] Vgl. ED IAS 37.BC41 und 48 i. V. m. IASCF (2006d), S. 3 und IASB (2006d), S. 2 und 8.
[299] Vgl. Klaholz, T. (2005), S. 84.
[300] Vgl. Führich, G. (2006), S. 1272.
[301] Vgl. Köhlmann, S. (2008), S. 101 f.

quantifizierbar, schätzbar und nachvollziehbar ist,[303] muss eine Eventualschuld unter Angabe von Erläuterungen im Anhang offengelegt werden.[304] Somit beeinflusst die Frage der Bewertung formal bereits die Ansatzentscheidung.[305] Die Verwendung von Schätzungen wird vom IASB als gebräuchliche Vorgehensweise im Rahmen der Bilanzierung gesehen, die die Verlässlichkeit nicht untergräbt. Insbesondere bei Rückstellungen, in deren Natur es liegt, dass sie nicht mit Sicherheit vorherbestimmt werden können, sind Schätzungen unumgänglich.[306] Daher stellt dieses Ansatzkriterium eine verhältnismäßig geringe Ansatzhürde dar[307] und soll nicht dazu genutzt werden, unsichere Verbindlichkeiten von der Passivierung auszuschließen.[308] Wurden also die anderen Ansatzkriterien kumulativ erfüllt, ist eine Rückstellungsbildung in der überwiegenden Mehrheit der Fälle geboten. Ansonsten ist eine Eventualschuld anzugeben (vgl. Anhang 1).[309]

3.3.3.2 Verlässliche Schätzbarkeit möglicher Werte bei Entsorgungs- und Wiederherstellungsverpflichtungen

Auch im Hinblick auf die verlässliche Schätzbarkeit der Verpflichtungshöhe von Entsorgungs- und Wiederherstellungsverpflichtungen wird es einem Unternehmen regelmäßig möglich sein, zumindest eine Bandbreite möglicher Werte zu schätzen. Diese Schätzung kann aus Verträgen und Sachverständigengutachten, aber auch aus Erfahrungswerten abgeleitet werden.[310] Dennoch ist es grundsätzlich denkbar, dass eine verlässliche Schätzung nicht möglich ist, insbesondere dann, wenn ein Umweltschaden verursacht wurde, der noch nicht abzuschätzen ist.[311]

---

[302] Vgl. IAS 37.14(c) i. V. m. IAS 37.25.
[303] Vgl. Hayn, S./Pilhofer, J. (1998b), S. 1765.
[304] Vgl. IAS 37.26 i. V. m. F.86.
[305] Vgl. Hebestreit, G./Dörges, C. E. (2006), Rdnr. 44.
[306] Vgl. IAS 37.25; F.86.
[307] Vgl. Keitz, I. v. u. a. (2007), Rdnr. 54.
[308] Vgl. Euler, R./Engel-Ciric, D. (2004), S. 151. In gleicher Weise äußerte sich bereits Trumbull: „Measurability or estimableness is not a distinguishing feature; it is common to almost all accounting recognitions. Trumbull, W. P. (1963), S. 46. Anders hingegen Reinhard, A. (1998), S. 2515.
[309] Vgl. IAS 37.26.
[310] Vgl. Köhlmann, S. (2008), S. 102.
[311] Vgl. Schrimpf-Dörges, C. E. (2006), S. 212.

3.4 Bewertung bei erstmaligem Ansatz

3.4.1 Bewertungsbasis

3.4.1.1 Bestmögliche Schätzung der künftigen Ausgaben

Wurden alle Ansatzvoraussetzungen des IAS 37.14 kumulativ erfüllt (vgl. Anhang 1), stellt sich die Frage, mit welcher Höhe die Verpflichtung in der Bilanz anzusetzen ist. Wie bereits an vielen Stellen im Rahmen der Ansatzfrage deutlich wurde, wird die Rückstellungsbilanzierung von der immanenten Unsicherheit dieser Bilanzposten dominiert. Dies setzt sich auch bei der Frage der Bewertung der Rückstellungen fort, weshalb hier ebenfalls Schätzungen unumgänglich sind. Der Ausgangspunkt für die Bewertung von Rückstellungen nach IAS 37.36 stellt die bestmögliche Schätzung (best estimate) der Ausgabe, die zur Erfüllung der Verpflichtung am Bilanzstichtag notwendig ist, dar.[312] Darunter ist der Betrag zu verstehen, der zur Erfüllung der Verpflichtung oder zur Übertragung der Verpflichtung auf einen Dritten am Bilanzstichtag aufzuwenden wäre.[313] Ob ein Wahlrecht zwischen diesen beiden Beträgen besteht oder einem Betrag der Vorrang gebührt, bleibt dabei ungeklärt.[314]

Zur Ermittlung des best estimates kommen je nach Ausgestaltung der zu Grunde liegenden Verpflichtung drei unterschiedliche Ermittlungsmethoden in Betracht:

(a) Die Bewertung einer *Einzelverpflichtung* für deren Erfüllungsbetrag *unterschiedlich wahrscheinliche Schätzwerte* vorhanden sind, erfolgt mit dem wahrscheinlichsten Wert (Modalwert bzw. Modus).[315]

(b) Für die Bewertung einer *Einzelverpflichtung* deren Erfüllungsbetrag eine *Bandbreite gleichwahrscheinlicher Werte* annehmen kann, ist der Mittelpunkt dieser Bandbreite, der Median, zu verwenden.

(c) Liegt eine große *Anzahl ähnlicher Verpflichtungen* mit *unterschiedlich wahrscheinlichem Eintritt* vor, wird der Rückstellungsbetrag anhand des statistischen Erwartungswertes bestimmt. Dieser wird ermittelt, indem alle möglichen Ergebnisse gemäß ihrer Eintrittswahrscheinlichkeiten gewichtet und anschließend addiert werden.[316]

---

[312] Vgl. IAS 37.36.
[313] Vgl. IAS 37.37.
[314] Vgl. Gelhausen, H.-F./Pape, J./Schruff, W. (2007), Rdnr. 65.
[315] Vgl. IAS 37.40. Weichen die anderen möglichen Ergebnisse stark vom Modalwert ab, ist die bestmögliche Schätzung ein höherer oder niedrigerer Betrag.
[316] Vgl. IAS 37.39.

3.4 Bewertung bei erstmaligem Ansatz

Bei der Bewertung einer Einzelverpflichtung mit dem wahrscheinlichsten Wert ist darüber hinaus zu beachten, dass dieser angepasst werden muss, sofern andere mögliche Ergebnisse größtenteils unter oder über diesem Wert liegen.[317] Offen bleibt, was hierunter genau zu verstehen ist, da IAS 37 den Begriff „größtenteils" nicht weiter ausführt.[318]

Trotz der formalen Vorgaben bleibt die kaufmännische Beurteilung bei diesem Bewertungskonzept nicht außen vor. So enthält IAS 37.42 Regelungen zur *zusätzlichen* Berücksichtigung von Risiken.[319] Risiko wird dabei als die Variabilität künftiger Ausgänge, also als die Gefahr der Abweichung von einem Wert, definiert.[320] Die Risikoberücksichtigung kann den best estimate erhöhen, wodurch der Aspekt der Risikoaversion und damit der Vorsicht in die Bewertung einbezogen wird.[321] Dennoch ist die Bildung übermäßig hoher Rückstellungen und damit die Bildung stiller Reserven unter Berufung auf das Vorsichtsprinzip nicht gerechtfertigt.[322] Vorsicht im Sinne der IFRS meint vielmehr, die Einhaltung einer gewissen Sorgfalt bei der Bewertung. So hat das Management bei der Ermittlung der Schätzung unter vernünftiger (kaufmännischer) Beurteilung auf Erfahrungswerte ähnlicher Geschäftsvorfälle der Vergangenheit zurückzugreifen und, sofern notwendig, unter Hinzuziehung unabhängiger Sachverständiger den best estimate zu ermitteln. Dabei sind auch wertaufhellende Hinweise nach dem Bilanzstichtag zu berücksichtigen.[323]

Dennoch verbleiben in Folge dieser Ausführungen bedeutende Ermessensspielräume.[324] Dies ist auf Grund der Art und Weise der Ermittlung des best estimates unumgänglich. Denn hierbei muss die Anzahl und Höhe der einzelnen Elemente der Bandbreite möglicher Ergebnisse sowie deren Eintrittswahrscheinlichkeiten ermittelt werden. Dies lässt sich in der Praxis nur in sehr seltenen Fällen objektiv quantifizieren.[325] Vor allem bei einzelnen Verpflichtungen lassen sich Eintrittswahrscheinlichkeiten kaum bestimmen, denn hierfür können statistisch-mathematische Verfahren nicht angewandt werden.[326] Auch bleibt die Zuordnung

---

[317] Vgl. IAS 37.40.
[318] Vgl. Hebestreit, G./Dürges, C.E. (2006), Rdnr. 54. Zu möglichen Ermittlungsweisen dieses Korrekturbetrages vgl. Gelhausen, H.-F./Pape, J./Schruff, W. (2007), Rdnr. 97-81 und Hachmeister, D./Zeyer, F. (2008), Rdnr. 261 f.
[319] Vgl. Torklus, A. v. (2007), S. 43.
[320] Vgl. IAS 37.42 i. V. m. Gelhausen, H.-F./Pape, J./Schruff, W. (2007), Rdnr. 69.
[321] Vgl. Gelhausen, H.-F./Pape, J./Schruff, W. (2007), Rdnr. 69. Sorgfalt ist geboten um eine Doppelberücksichtigung von Risiken und Unsicherheiten und die daraus resultierende Überbewertung der Rückstellungen zu vermeiden. Zur Berücksichtigung der Risiken in den Zahlungsströmen oder im Zinssatz vgl. Kapitel 3.4.3.1.
[322] Vgl. IAS 37.43 i. V. m. Keitz, I. v. u. a. (2007), Rdnr. 86.
[323] Vgl. IAS 37.37 f. i. V. m. Hachmeister, D. (2006), S. 129.
[324] Vgl. Keitz, I. v. u. a. (2007), Rdnr. 85.
[325] Vgl. Ernsting, I./Keitz, I. v. (1998), S. 2481.
[326] Vgl. Hachmeister, D./Zeyer, F. (2008), Rdnr. 263 f. i. V. m. Hachmeister, D. (2006), S. 129.

der Eintrittswahrscheinlichkeiten zu den einzelnen Erfüllungsbeträgen letztlich abhängig von den subjektiven Erwartungen des Managements.[327]

3.4.1.2 Erwartungswert nach ED IAS 37

Die Rückstellungen sollen auch nach Willen des ED mit dem „amount that an entity would rationally pay to settle the obligation or transfer it on the balance sheet date" bewertet werden.[328] Der Begriff des best estimates wird gestrichen.[329] Künftig soll zur Ermittlung der Verpflichtungshöhe, auf Grund mangelnder Marktwerte in diesem Bereich,[330] generell ein Erwartungswertverfahren („expected cash flow approach") zur Anwendung kommen. Hierbei werden mögliche Ressourcenabflüsse mit den zugehörigen Eintrittswahrscheinlichkeiten gewichtet.[331] Auf diese Weise findet sozusagen die bedingte Verpflichtung, d.h. die Unsicherheit der künftigen Inanspruchnahme aus der unbedingten Verpflichtung, im Rahmen der Bewertung Berücksichtigung.[332]

Beispiel: Ein Unternehmen ist Angeklagter in einem Schadensersatzfall, der in einem Jahr verhandelt wird. Der vermutete Ausgang des Sachverhaltes stellt sich wie folgt dar:

Tabelle 1: Bewertung einer Einzelverpflichtung nach ED IAS 37

Szenario		Wahrscheinlichkeit von S	Höhe		Wahrscheinlichkeit von E	bedingte Wahrscheinlichkeit
S1:	Prozessniederlage	49,0 %	E1:	100 T€	70,0 %	34,3 %
			E2:	200 T€	30,0 %	14,7 %
S2:	Prozessgewinn	51,0 %	E3:	0 €		51,0 %

Die Anwendung der Vorschriften des *IAS 37* führt zu dem Ergebnis, dass keine Rückstellung zu bilanzieren ist, da der Abfluss von Ressourcen nicht als wahr-

---

[327] Vgl. Keitz, I. v. u. a. (2007), Rdnr. 85.
[328] Vgl. ED IAS 37.29.
[329] Dies dient der Klarstellung, denn der Begriff des best estimates wird als missverständlich erachtet. Vgl. ED IAS 37.BC 79. Vgl. kritisch hierzu Rees, H (2006), S. 31.
[330] Vgl. ED IAS 37.30.
[331] Vgl. ED IAS 37.31.
[332] Vgl. ED IAS 37.34; Köhlmann, S. (2007), S. 90; Erdmann, M.-K./Zülch, H./Palfner, A. (2007), S. 445. Vgl. hierzu Kapitel 3.3.2.2.

3.4 Bewertung bei erstmaligem Ansatz

scheinlich eingeschätzt wird. Allerdings muss eine Eventualschuld angegeben werden.

ED IAS 37 enthält die Wahrscheinlichkeitsanforderung nicht. Auf Grund dessen ist eine Rückstellung in Höhe des Erwartungswertes, der sich wie folgt berechnet, zu bilanzieren:

$$EW: 0{,}49 \times 0{,}7 \times 100 \text{ T€} + 0{,}49 \times 0{,}3 \times 200 \text{ T€} + 0{,}51 \times 0 \text{ €} = \mathbf{63{,}7 \text{ T€}}^{333}$$

Da der nach IAS 37 bei Einzelverpflichtungen verwendete wahrscheinlichste Wert nicht zwangsläufig den Ressourcenabfluss abbildet, soll die Verwendung des Erwartungswertes zu relevanteren Informationen führen.[334] Hierdurch wird der Anwendungsbereich dieses derzeit nur bei einer Gruppe ähnlicher Verpflichtungen anzuwendenden Wertmaßstabs stark ausgeweitet. Gleichzeitig wird die bisher bestehende Ungleichbehandlung der Bewertung verschiedener Verpflichtungsarten beseitigt.[335]

Die Ursache für die Einschätzung, dass der Erwartungswert im Vergleich zum best estimate als relevanter angesehen wird, veranschaulicht der ED an folgendem Beispiel: Eine Verpflichtung wird wahrscheinlich (zu 60 %) Kosten verursachen, unter Umständen aber auch gar keine Kosten nach sich ziehen. Da das Management eine Chance sieht, sich der Verpflichtung ohne Mittelabfluss zu entledigen, wird es nicht bereit sein, die Verpflichtung am Bilanzstichtag zum höchstmöglichen Betrag zu begleichen oder zu übertragen. Stattdessen würde es den Erwartungswert in Betracht ziehen,[336] der, im Gegensatz zum wahrscheinlichsten Betrag, dem geforderten Erfüllungsbetrag für die Verpflichtung oder dem bei Übertragung auf einen Dritten fälligen Betrag am Bilanzstichtag auch tatsächlich entspricht.[337] Darüber hinaus wird der Informationsgehalt des Erwartungswertes durch die Berücksichtigung der mit der Verpflichtung verbundenen Unsicherheit erhöht.[338] So kann es nicht mehr vorkommen, dass eine Verpflichtung, die mit Sicherheit Kosten in Höhe von 200 GE verursacht, zum selben Wert angesetzt

---

[333] Dieser Wert muss nach ED IAS 37 zwingend abgezinst werden. Vgl. Kapitel 3.4.3.2. Zu den Auswirkungen des Sachverhalts auf den Ansatz latenter Steuern vgl. Anhang 6.
[334] Vgl. ED IAS 37.31.
[335] Vgl. Kühne, M./Nerlich, C. (2005), S. 1840 f.; Küting, K./Wohlgemuth, F. (2006), S. 2329 i. V. m. IAS 37.BC39.
[336] Vgl. ED IAS 37.81; Schween, C. (2007), S. 689.
[337] Vgl. Fladt, G./Feige, P. (2006), S. 276; Rees, H. (2006), S. 32.
[338] Vgl. ED IAS 37.33.

wird, wie eine Verpflichtung, bei der diese Kosten lediglich mit einer Wahrscheinlichkeit von 60 % anfallen, zu 40 % aber keine Kosten entstehen.[339]

Im Rahmen der Diskussion des Standardentwurfs stellte das IASB im Februar 2008 klar, dass ein künftiger Standard kein Wahlrecht zwischen dem „Erfüllungsbetrag" oder dem „Übertragungsbetrag" am Bilanzstichtag lassen wird. Vielmehr sei, sofern die beiden Werte voneinander abweichen, der niedrigere Wert anzusetzen. Da für die meisten Verpflichtungen im Anwendungsbereich von IAS 37 kein Markt existiert und die Ermittlung des „Übertragungsbetrages" daher Schätzungen erfordert, plant der Standardsetter hierfür weitere Richtlinien zur Ermittlung zu erstellen.[340]

Der Vorschlag, den Erwartungswert für alle Verpflichtungen grundsätzlich zum Wertmaßstab zu erheben, bestätigt die Tendenz des IASB, vermehrt fair values zu verwenden.[341] Auch wird der Informationsnutzen durch diesen Wertansatz erhöht, denn nun sollen grundsätzlich alle zuverlässig bewertbaren Schulden ausgewiesen werden und nicht wie bisher Rückstellungen mit einer Eintrittswahrscheinlichkeit von knapp unter 50 % keine Berücksichtigung finden.[342] Die Ansicht, dass (subjektive) Wahrscheinlichkeiten und (willkürliche) Schwellenwerte nicht über das Bestehen einer Verpflichtung befinden sollen, entspricht auch der h. M. in der Fachliteratur.[343] Allerdings eröffnet auch diese Bewertungskonzeption Ermessensspielräume, die es ermöglichen, Beurteilungsfreiräume, die im Rahmen des Ansatzes wegfielen, nun nachzuholen.[344]

3.4.1.3 Schätzungsgrundlage bei Entsorgungs- und Wiederherstellungsverpflichtungen

In der Regel handelt es sich bei Verpflichtungen, die die Entsorgung oder Wiederherstellung betreffen, um Einzelverpflichtungen, weshalb der wahrscheinlichste Wert den best estimate darstellt.

Begründet durch die Natur dieser Verpflichtungsart kann die Ermittlung der Verpflichtungshöhe unter Umständen sehr schwierig sein. Da es sich zumeist um langfristige Verpflichtungen handelt, wird die Zuverlässigkeit der Schätzungen vermindert. Besonders langfristige Verpflichtungen liegen für die Stilllegung von

---
[339] Vgl. Schween, C. (2007), S. 689.
[340] Vgl. IASCF (2008b), S. 3. Vgl. weiterführend zu dieser Diskussion IASCF (2008a), S. 14; IASCF (2006e), S. 3; IASCF (2007d), S. 3; IASB (2006e), S. 2 ff.; IASB (2008), S. 2.
[341] Vgl. Kühne, M./Nerlich, C. (2005), S. 1841.
[342] Vgl. Haaker, A. (2005b), S. 56.
[343] Vgl. stellvertretend hierzu Haaker, A. (2005), S. 11; Lüdenbach, N./Hoffman, W.-D. (2003), S. 7 f.
[344] Vgl. Andrejewski, K. C./Mielke, O. (2005), S. 585.

3.4 Bewertung bei erstmaligem Ansatz

Kernkraftwerken vor. Aber auch die Komplexität der Maßnahmen und die verschiedenen Vorgehensweisen, die für den Rückbau oder die Wiederherstellung eines Vermögenswertes in Frage kommen, erschweren die Ermittlung des Rückstellungsbetrages.[345]

Für die Ermittlung des best estimates ergeben sich zwei Möglichkeiten: Wird der Erfüllungsbetrag zu Grunde gelegt, müssen die Kosten ermittelt werden, die zur Erfüllung der Verpflichtung am Bilanzstichtag aufzuwenden sind. IAS 37 regelt nicht, welche Kosten in die Bewertung einfließen müssen, nach h.M. sind jedoch die der Verpflichtung zurechenbaren Vollkosten zu berücksichtigen.[346] Die Abgrenzung der Gemeinkosten ist hierbei sicherlich in großem Maße von Schätzungen abhängig, da für diese oftmals einmaligen Vorfälle selten Erfahrungswerte vorliegen.[347] Wird hingegen der Betrag zur Übertragung der Verpflichtung verwendet, können die Kosten, vorausgesetzt es findet sich ein unabhängiges und sachkundiges Unternehmen, das die Rückbau- und Wiederherstellungsverpflichtung am Bilanzstichtag übernimmt oder übernehmen würde, einfach durch einen Kostenvoranschlag ermittelt werden.[348] Bei Sachleistungsverpflichtungen fehlt jedoch häufig ein aktiver Markt, der eine objektive Ermittlung des Übertragungsbetrages sicherstellt.[349] Sofern beide Werte in Betracht zu ziehen sind, müssen gemäß ED IAS 37 grundsätzlich beide Wertansätze ermittelt werden, da nach diesen Vorschlägen zwingend der niedrigere Wert zu passivieren ist.

Insgesamt impliziert die Anforderung den wahrscheinlichsten Betrag zu ermitteln, dass das Unternehmen mehrere mögliche Ereignisse schätzt.[350] Gleichwohl ist die explizite Erstellung mehrerer Szenarien nicht zwingend erforderlich; es genügt das wahrscheinlichste Szenario zu ermitteln, wie nachstehendes Beispiel zeigt. Erforderlich wird die Ermittlung mehrerer möglicher Ereignisse, wenn das Bewertungskonzept des Standardentwurfs zu IAS 37 verabschiedet wird. Allerdings wird dies im Fall von i.d.R. einmaligen Entsorgungsverpflichtungen kaum objektiv und zuverlässig möglich sein, da die erforderlichen diskreten Wahrscheinlichkeiten nicht bekannt sind.[351] Neben dem hieraus resultierenden Ermessensspielraum bringt dieses Bewertungskonzept auch einen erhöhten Aufwand mit sich.

Beispiel: Die Strom-AG betreibt in Electricity ein Kernkraftwerk (KKW). Der hierbei entstehende hoch radioaktive Abfall, wozu neben radioaktiven Betriebsab-

---

[345] Vgl. Klaholz, T. (2005), S. 95 f.
[346] Vgl. stellvertretend Gelhausen, H.-F./Pape, J./Schruff, W. (2007), Rdnr. 66; Thiele, S./Keitz, I. v./Brücks, M. (2008), Rdnr. 249; Schrimpf-Dörges, C. E (2007), S. 227 f.; Marx, F. J./Köhlmann, S. (2005), S. 659.
[347] Vgl. Klaholz, T. (2005), S. 100.
[348] Vgl. Klaholz, T. (2005), S. 97 f.
[349] Vgl. Hommel, M. (2007), S. 328.
[350] Vgl. Schrimpf-Dörges (2007), S. 216.
[351] Vgl. Lüdenbach, N. (2003), S. 836.

fällen vor allem Brennelemente zählen, muss nach Ende der Nutzungszeit beseitigt werden. Die Übertragung einer solchen Verpflichtung auf einen Dritten ist in der Praxis kaum möglich, weshalb die Ermittlung der Rückstellungshöhe nicht auf Grundlage des Übertragungsbetrages erfolgen kann. Anstatt dessen wird zur Bewertung der Erfüllungsbetrag anhand eines Szenarios ermittelt, das den wahrscheinlichsten Entsorgungsweg abbildet. Da in Deutschland lediglich die unmittelbare Beseitigung von radioaktivem Material erlaubt ist, scheidet die Wiederaufarbeitung als möglicher Entsorgungsweg aus. Folglich muss ein Szenario aufgebaut werden, das die Abklingphase, die anschließende Zwischenlagerung sowie die Konditionierung bzw. Vorbereitung zum Transport und die Endlagerung der Brennelemente berücksichtigt (obwohl auch über das derzeit wahrscheinlichste Endlager Gorleben noch kein Beschluss gefasst wurde). Die hierfür notwendigen Kosten werden zumeist auf Grundlage externer Gutachten, beispielsweise von der GNS,[352] ermittelt. Darüber hinaus ist zur Ermittlung der künftigen Cashflows der Zeitpunkt des Eintritts der Zahlungsmittelabflüsse relevant. Ebenfalls müssen bereits geleistete Anzahlungen an das Bundesamt für Strahlenschutz berücksichtigt werden. Anpassungen des so ermittelten wahrscheinlichsten Wertes gemäß IAS 37.42 an andere mögliche Ergebnisse, die größtenteils über oder unter dem wahrscheinlichsten Betrag liegen, werden daher kaum vorzunehmen sein.[353]

IAS 37 sieht vor den wahrscheinlichsten Wert anzupassen, falls andere mögliche Ergebnisse größtenteils über oder unter diesem Betrag liegen. Darüber hinaus kann eine Erhöhung des wahrscheinlichsten Betrages notwendig werden, um der Unsicherheit der künftigen Entwicklungen Rechnung zu tragen.[354] In der Literatur wird die Anwendung eines Erwartungswertverfahrens zum Teil als adäquate Möglichkeit der Risikoberücksichtigung bei der Ermittlung der Zahlungsmittelabflüsse von Entsorgungs- und Wiederherstellungsverpflichtungen angesehen; nicht zuletzt, da dieses Verfahren auch von anderen Standards wie von IAS 36 im Rahmen des Impairmenttests vorgesehen wird.[355] Jedoch ist die Anwendung des Erwartungswertverfahrens für die Bewertung einer Einzelverpflichtung nach dem derzeit gültigen IAS 37 explizit nicht vorgesehen. Daher ist nach Ansicht der Autorin die Vorgehensweise, den Erwartungswert bei einer einzelnen Entsorgungs- oder Wiederherstellungsverpflichtung per se zu verwenden nicht im Sinne des IASB. Das Erwartungswertverfahren dürfte nur zur Anwendung kommen, wenn die an-

---

[352] Die Gesellschaft für Nuklear-Service mbH (GNS) ermittelt u. a. die voraussichtlichen Entsorgungskosten, die in Zusammenhang mit dem Betrieb kerntechnischer Anlagen entstehen. Gesellschafter des Unternehmens sind die vier größten Energieproduzenten in Deutschland.
[353] Vgl. zur Weiterführung des Beispiels Kapitel 3.6.2.
[354] Sofern dieses Risiko nicht im Rahmen der Ermittlung des Diskontierungszinssatzes berücksichtigt wurde.
[355] Vgl. stellvertretend Kümpel, T. (2004), S. 1228; Lüdenbach, N. (2003), S. 836; Marx, F. J./ Köhlmann, S. (2005), S. 658.

3.4 Bewertung bei erstmaligem Ansatz

deren möglichen Werte tatsächlich größtenteils unter oder über dem wahrscheinlichsten Wert liegen.

3.4.2 Künftige Ereignisse

3.4.2.1 Vorliegen objektiver Hinweise auf künftige Ereignisse

In die Bewertung der Rückstellung sind künftige Ereignisse, die die Höhe der Verpflichtung beeinflussen können, miteinzubeziehen, vorausgesetzt, es sprechen genügend objektive, substanzielle Hinweise für deren Eintritt.[356] Neue technologische Verfahren können ebenso wie künftig eintretende Lerneffekte bei der Anwendung der existierenden Technologie eine Kostenminderung ermöglichen. Sofern die Einschätzung technisch geschulter, neutraler Sachverständiger ergibt, dass die Aufwendungen zukünftig sinken werden, sind diese Erkenntnisse bei der Bewertung der Rückstellung zu berücksichtigen.[357] Die Voraussetzungen zur Berücksichtigung künftiger Ereignisse sind aus Objektivierungsgründen restriktiv auszulegen. Eine reine Managementerwartung genügt demzufolge nicht;[358] die „vernünftigen Erwartungen von fachlich qualifizierten und objektiven Beobachtern"[359] sind zwingend notwendig. Auch darf das Unternehmen nicht auf die Entwicklung einer völlig neuen Technologie spekulieren.[360] Allerdings ist die Bestimmung, ab wann eine Erwartung als hinreichend objektiviert gilt, im Einzelfall sehr schwierig.[361]

Analog dazu sind auch künftige Preisänderungen in die Bewertung zu integrieren, soweit sie die genannten Objektivierungskriterien erfüllen.[362] Folglich sind nicht die am Bilanzstichtag geltenden, sondern die zum Erfüllungszeitpunkt der Verpflichtung relevanten Preis- und Kostenverhältnisse für den Wertansatz maßgeblich.[363] Darüber hinaus fallen Gesetzesänderungen unter die zu berücksichtigenden künftigen Ereignisse. Hier müssen ebenfalls ausreichend objektive, substanzielle Hinweise dafür vorliegen, dass die Verabschiedung des Gesetzes so

---

[356] Vgl. IAS 37.48.
[357] Vgl. IAS 37.49.
[358] Vgl. Hebestreit, G./Dörges, C. E. (2006), Rdnr. 59.
[359] Ernsting, I./Keitz, I. v. (1998), S. 2481; Hayn, S./Pilfhofer, J. (1998), S. 1767.
[360] Vgl. IAS 37.49.
[361] Vgl. Förschle, G./Kroner, M./Heddäus, B. (1999), S. 49; Rüdinger, A. (2004), S. 111; Köhlmann, S. (2007), S. 156.
[362] Vgl. Hayn, S./Pilfhofer, J. (1998), S. 1767; Hebestreit, G./Dörges, C. E. (2006), Rdnr. 60.
[363] Vgl. Keitz, I. v. u. a. (2007), Rdnr. 87. Vgl. kritisch zur Berücksichtigung künftiger Eregnisse auf Grund des Stichtagsprinzips vgl. Hommel, M. (2007), S. 324 i. V. m. Förschle, G./Kroner, M./Heddäus, B. (1999), S. 49.

gut wie sicher ist. Meist ist dies nicht vor der tatsächlichen Verabschiedung des Gesetzes der Fall.[364]

3.4.2.2 Berücksichtigung der Wahrscheinlichkeit künftiger Ereignisse nach ED IAS 37

Nach Willen des IASB soll die Restriktion, dass künftige Ereignisse lediglich berücksichtigt werden dürfen, wenn genügend objektive, substanzielle Hinweise für deren Eintritt vorliegen, wegfallen.[365] Auch fehlt im neuen Standardentwurf der Hinweis auf die Notwendigkeit dafür, dass die Auswirkungen neuer Technologien durch Sachverständige beurteilt werden müssen. Stattdessen genügt hierfür die Erfahrung des Unternehmens.[366] Die derzeitige Regelung lässt sich nicht mit dem expected cash flow approach vereinbaren, denn bei diesem Ansatz wird die Eintrittswahrscheinlichkeit künftiger Ereignisse in die Berechnung miteinbezogen. Sofern die Wahrscheinlichkeitsgewichtung die Möglichkeit des Technologiewandels korrekt abbildet, gäbe es gemäß IASB keinen Grund, diese Annahmen nicht in die Berechnung miteinzubeziehen.[367]

Im Gegensatz dazu dürfen Gesetzesänderungen bei der Bewertung von Rückstellungen nicht mehr berücksichtigt werden. Da bis zur endgültigen Verabschiedung eines Gesetzes lediglich eine bedingte Verpflichtung besteht, kann keine unbedingte Stand-ready-Verpflichtung bilanziert werden. Vielmehr wird in der basis for conclusions zum Standardentwurf darauf hingewiesen, dass der Erlass eines neuen Gesetzes auch eine neue Verpflichtung nach sich zieht.[368] An dieser unterschiedlichen Behandlung der künftigen Ereignisse wird deutlich, dass die geplante Neuregelung nicht durchgehend konsistent ist.[369]

3.4.2.3 Besondere Relevanz künftiger Ereignisse bei Entsorgungs- und Wiederherstellungsverpflichtungen

Bei Entsorgungs- und Wiederherstellungsverpflichtungen spielt die Berücksichtigung künftiger Ereignisse auf Grund der unter Umständen sehr langen Zeitspanne bis zu deren Fälligkeit eine große Rolle. Wegen dieser großen Zeiträume ist es sehr wahrscheinlich, dass bis zur Entsorgung neue oder verbesserte technische

---

[364] Vgl. IAS 37.50.
[365] Vgl. ED IAS 37.41.
[366] Vgl. ED IAS 37.42.
[367] Vgl. ED IAS 37.BC86.
[368] Vgl. ES IAS 37.BC88 i. V. m. BC29.
[369] Vgl. Andrejewski, K. C./Mielke, O. (2005), S. 584.

Verfahren entwickelt werden oder sich Erfahrungskurveneffekte einstellen.[370] Da der Standardentwurf ED IAS 37 weniger restriktive Anforderungen an die Berücksichtigung solcher Ereignisse stellt als der derzeit anzuwendende IAS 37, wird deren Berücksichtigung im Rahmen der Bewertung künftig noch bedeutender. Ebenso ist auch eine Verschärfung gesetzlicher Vorschriften, insbesondere aus Umweltschutzgründen, nicht unwahrscheinlich,[371] welche – zumindest nach den derzeit gültigen Regelungen – zu berücksichtigen ist.[372]

Eine starke Auswirkung auf den zur Erfüllung einer Verpflichtung erforderlichen Betrag kommt auch Preissteigerungen zu. Obwohl die Inflationsrate in den letzten Jahren sehr moderat war, hat diese bezogen auf den großen Zeithorizont doch erhebliche Auswirkungen und muss berücksichtigt werden. Dem kann Rechnung getragen werden, indem der ermittelte best estimate auf Grundlage einer historischen Inflationsrate an die Preisverhältnisse zum Fälligkeitszeitpunkt angepasst wird.[373]

3.4.3 Abzinsung

3.4.3.1 Abzinsung des Erfüllungsbetrages bei wesentlichen Auswirkungen

Rückstellungen für kurz nach dem Abschlussstichtag erfolgende Mittelabflüsse sind belastender, als Rückstellungen in derselben Höhe, die für Mittelabflüsse zu einem späteren Zeitpunkt gebildet wurden.[374] Daher ist der Rückstellungsbetrag nach IAS 37.45 in Höhe des Barwerts der künftig zu erwartenden Ausgaben anzusetzen, sofern die Auswirkungen der Abzinsung wesentlich sind.[375] Zur Beurteilung der Wesentlichkeit in diesem Zusammenhang ist der Unterschied zwischen Barwert und Rückzahlungsbetrag zu betrachten. Ein wesentlicher Unterschied dieser beiden Werte besteht regelmäßig, wenn die Erfüllung der Verpflichtung erst nach einem längeren Zeitraum erfolgt.[376] Allerdings macht der Standard keine genaue Angabe, wann eine Abzinsung als wesentlich zu erachten ist, wodurch ein großes Potenzial für eine interessenabhängige Interpretation geboten wird.[377] Nach der in verschiedenen Kommentaren geäußerten Meinung hat sich jedoch die An-

---

[370] Vgl. IAS 37.49.
[371] Vgl. Klaholz, T. (2005), S. 96 und 101 f.
[372] Vgl. stellvertretend Schrimpf-Dörges, C. E. (2007).
[373] Vgl. Lüdbach, N. (2003), S. 836.
[374] Vgl. IAS 37.46.
[375] Vgl. IAS 37.45.
[376] Vgl. Hayn, S./Pilhofer, J. (1998), S. 1767.
[377] Vgl. Pisoke, M. (2004), S. 149.

sicht durchgesetzt, dass eine Abzinsung bei Verpflichtungen mit einer Laufzeit von mehr als 12 Monaten angebracht ist.[378]

Zur Ermittlung des Barwertes ist ein fristenkongruenter Marktzinssatz vor Steuern zu verwenden. Risiken können grundsätzlich im Zinssatz oder durch einen entsprechenden Zuschlag bei der Ermittlung der künftigen Zahlungsströme berücksichtigt werden.[379] Das folgende Beispiel zeigt, dass beide Vorgehensweisen zum gleichen Ergebnis führen:

Beispiel: Ein Unternehmen passiviert eine Rückstellung, die in zwei Jahren zu einem Zahlungsmittelabfluss in Höhe von 100 T€ führt (best estimate). Der risikofreie Zinssatz beträgt 5 %. Das Unternehmen ist risikoavers und würde statt dieser Verpflichtung einen sicheren Mittelabfluss von 105 T€ bevorzugen (dies entspricht dem Sicherheitsäquivalent). Da die Verpflichtung am Bilanzstichtag in derselben Höhe passiviert werden muss, ergibt sich für die Abzinsung des erwarteten Zahlungsmittelabflusses folgender risikoangepasste Zinssatz:[380]

Tabelle 2:   Risikoberücksichtigung im Zinssatz

	Zinssatz	Mittelabfluss 02	Barwert
sicherer Mittelabfluss/ risikofreier Zinssatz	5,00 %	105,00 T€	95,24 T€
erwarteter Mittelabfluss/ risikoangepasster Zinssatz	**2,47 %**	100,00 T€	95,24 T€

Der risikoangepasste Zinssatz kann nur über den Umweg des Sicherheitsäquivalents bestimmt werden.[381] Daher ist die Vorgehensweise, die Zahlungsströme in ein Sicherheitsäquivalent zu überführen und anschließend mit einem Marktzins für risikofreie Anlagen abzuzinsen, wie das Beispiel verdeutlicht, methodisch einfacher.[382] Darüber hinaus bietet der Standard jedoch keine weitere Anleitung zur Durchführung der Abdiskontierung respektive zur Ermittlung des Zinssatzes.[383] Bei der Ermittlung des risikofreien Zinssatzes kann daher auf die Regelungen an-

---

[378] Vgl. stellvertretend Freiberg, J./Lüdenbach, N. (2007), S. 332; Hebestreit, G./Dörges, C. E. (2006), Rdnr. 68; Hoffmann, W.-D. (2008), Rdnr. 122.
[379] Vgl. IAS 37.47. Zur Berücksichtigung der Risiken bei der Ermittlung der Zahlungsströme vgl. Kapitel 3.4.1.1.
[380] Beispiel in Anlehnung an PWC (2007), S. 21035 f. und Ernst & Young (2008), S. 1938.
[381] Vgl. Freiberg, J./Lüdenbach, N. (2007), S. 332 und 335.
[382] Zur Bilanzierung der Aufzinsung in den Folgejahren vgl. Kapitel 3.6.
[383] Vgl. Gelhausen, H.-F./Pape, J./Schruff, W. (2007), Rdnr. 83; Hebestreit, G./Dörges, C. E. (2006), Rdnr. 69; Hachmeister, D./Zeyer, F. (2008), Rdnr. 283 f.

3.4 Bewertung bei erstmaligem Ansatz

derer Standards zurückgegriffen werden.[384] Hier kommen beispielsweise die Vorschriften des IAS 19.78-81 in Frage. Die dortige Empfehlung, die aktuelle Marktrendite anhand erstklassiger Industrie- oder Staatsanleihen zu ermitteln, wird auch für Rückstellungen bei Berücksichtigung der unterschiedlichen Laufzeit als sachgerecht angesehen.[385] Durch diese Vorgehensweise werden bei der Diskontierung die Grundsätze der Laufzeit- und Risikoäquivalenz beachtet.

Darüber hinaus muss auch die Kaufkraftäquivalenz bedacht werden.[386] Dementsprechend ist bei nominalen Zahlungsmittelabflüssen in der Zukunft, denen das geschätzte künftige Preisniveau zu Grunde liegt, ein nominaler Diskontierungssatz heranzuziehen. Werden die künftigen Zahlungsmittelabflüsse jedoch mit realen Werten geschätzt, d.h. auf Basis der aktuellen Preisverhältnisse am Bilanzstichtag, ist ein Realzinssatz[387] zu verwenden.[388] Beide Möglichkeiten führen zum gleichen Barwert, unterscheiden sich jedoch in der Höhe des zu erfassenden Finanzaufwandes, wie folgendes Beispiel verdeutlicht:[389]

Beispiel: Ein Unternehmen errichtet am 01.01.01 eine Anlage, die am 31.12.02 wieder entfernt werden muss. Bei Errichtung der Anlage sind Abbruchkosten von 100 T€ zu erwarten. Auf Grund der Inflation in Höhe von 2,5 % wird jedoch Ende 02 mit Kosten von $100 \times 1,025^2 = 105,06$ T€ gerechnet. Der Nominalzinssatz beträgt 5 %, der Realzinssatz und die Entwicklung der Rückstellung berechnen sich wie folgt:[390]

---

[384] Vgl. IAS 8.11(a).
[385] Vgl. Ernsting, I./Keitz, I. v. (1998), S. 2481; Hachmeister, D. (2006), S. 138; Hoffmann, W.-D. (2008), Rdnr. 125; KPMG (2007), S. 582. Anders hingegen Hebestreit, G./Dörges, C. E. (2006), Rdnr. 69 nach denen nur der fristenadäquate Fremdkapitalzinssatz eines Unternehmens in Betracht kommt. Eine steuerliche Anpassung dieser Größen ist nicht mehr erforderlich, da es sich bereits um eine Vorsteuergröße handelt. Vgl. Freiberg, J./Lüdenbach, N. (2007), S. 334.
[386] Vgl. Hachmeister, D. (2006), S. 137. Vgl. hierzu Kapitel 3.4.2.1 und 3.4.2.3. Die Berücksichtigung eines credit spreads wird nicht empfohlen. Vgl. Freiberg, J./Lüdenbach, N. (2007), S. 33.
[387] Gemäß der Fisher-Parität (die allerdings auf restriktiven Annahmen basiert) entspricht der Realzins dem Nominalzins abzüglich Inflationsrate: $r \approx i - \pi^e$ bzw. exakt ermittelt sich der Realzins durch $r=((1+i)/(1+\pi^e))-1$. Vgl. Krugman, P./Wells, R. (2006), S. 802.
[388] Vgl. Ernsting, I./Keitz, I. v. (1998), S. 2481; Epstein, B. J./Jermakowicz, E. K. (2007), S.461; Hebestreit, G./Dörges, C. E. (2006), Rdnr. 69; Hayn, S. (2008), Rdnr. 38; Freiberg, J./Lüdenbach, N. (2007), S. 333 sowie Hoffmann, W.-D. (2008), Rdnr. 127 plädieren aus Vereinfachungsgründen für die ausschließliche Verwendung der Nominalrechnung.
[389] Vgl. PWC (2007), S. 21034.
[390] Beispiel in Anlehnung an Ernst & Young (2008), S. 1940 und Freiberg, J./Lüdenbach, N. (2007), S. 333.

Tabelle 3: Nominal- versus Realzins

Realzins:	$\dfrac{(1 + 0{,}05)}{(1 + 0{,}025)} - 1$	= 2,44 %

Berechnung Barwert		
Nominalzinsbetrachtung:	105,06 T€ / $1{,}05^2$	= 95,29 T€
Realzinsbetrachtung:	100,00 T€ / $1{,}0244^2$	= 95,29 T€

Nominalzinsbetrachtung	Barwert	Jahr 01	Jahr 02
Rückstellungshöhe:	95,29 T€	100,06 T€	105,06 T€
Aufzinsung mit 5,00 % (Finanzaufwand):		4,77 T€	5,00 T€

Realzinsbetrachtung	Barwert	Jahr 01	Jahr 02
Rückstellungshöhe:	95,29 T€	100,06 T€	105,06 T€
Aufzinsung mit 2,44 % (Finanzaufwand):		2,33 T€	2,44 T€
Erhöhung wegen Inflation/ Schätzungsänderung (sonstiger betr. Aufwand):		2,44 T€	2,56 T€

3.4.3.2 Abzinsung des Erfüllungsbetrages nach ED IAS 37

Ist bislang eine Abzinsung lediglich geboten, wenn die Auswirkung der Abzinsung als wesentlich eingestuft wird, so soll dies entsprechend den Vorschlägen des IASB künftig grundsätzlich erforderlich sein.[391] Dadurch wird die Unsicherheit hinsichtlich der Frage, ab wann eine Abzinsung notwendig, da wesentlich ist, beseitigt.

Des Weiteren stellt das IASB durch ED IAS 37 klar, dass sowohl bei dem erstmaligen Ansatz als auch an den folgenden Bilanzstichtagen ein aktueller Marktzinssatz zu verwenden ist. Diese Regelung weicht zwar in Bezug auf die Folgebe-

---

[391] Vgl. ED IAS 37.39.

3.4 Bewertung bei erstmaligem Ansatz

wertung von den entsprechenden US-GAAP-Vorschriften ab, führt jedoch zu einer genaueren und einheitlicheren Darstellung.[392]

3.4.3.3 Notwendige Abzinsung von Entsorgungs- und Wiederherstellungsverpflichtungen

Bei Entsorgungs- und Wiederherstellungsverpflichtungen ist der Abzinsungseffekt auf Grund ihres zumeist langfristigen Charakters regelmäßig wesentlich, weshalb der Barwert zu passivieren ist.[393] Aber auch in kürzeren Zeiträumen kann die Abzinsung wesentliche Auswirkungen nach sich ziehen,[394] da es sich bei dieser Art von Verpflichtungen häufig um hohe Beträge handelt.[395] Folglich würde sich durch die Neuregelung keine Änderung ergeben.

Der Ermittlung des Zinssatzes kommt eine entscheidende Rolle zu, denn die Wahl des Diskontierungszinssatzes hat einen erheblichen Einfluss auf die Rückstellungshöhe, was wiederum vor allem in dem langen Zeithorizont und der Höhe von Entsorgungs- und Wiederherstellungsverpflichtungen begründet ist. Die lange Laufzeit kann auch zu Schwierigkeiten bei der Ermittlung eines fristenkongruenten Marktzinses führen, da selbst die Laufzeit von Staatsanleihen häufig unter der Laufzeit dieser Verpflichtungen liegt.[396] Daher muss auf eine Zinsstrukturkurve ausgewichen werden.[397]

Um eine Doppelberücksichtigung des Risikos zu vermeiden, darf dieses nur dann durch einen Risikoabschlag im Zinssatz berücksichtigt werden, wenn Zahlungsströme ohne zusätzlichen Risikozuschlag die Berechnungsbasis bilden. Die Risikoberücksichtigung durch Anpassung im Zinssatz ist letztlich nur durch subjektive Schätzung möglich.[398] Allerdings verlagert die zweite Möglichkeit – die Risikoanpassung der Zahlungsströme – dieses Problem lediglich, wobei diese Variante dennoch einfacher sein dürfte.[399] Ebenso ist es empfehlenswert, den Zahlungsstrom mittels einer historischen Inflationsrate auf die Preisverhältnisse am Fälligkeitszeitpunkt anzupassen und anschließend mit einem nominalen Zinssatz abzuzinsen.[400] Erfolgt die Risiko- und Inflationsanpassung bei Ermittlung der Zah-

---
[392] Vgl. ED IAS 37.38 und 44 i. V. m. ED IAS 37.BC83.
[393] Vgl. Zülch, H./Willms, J. (2005), S. 1180.
[394] Vgl. Schrimpf-Dörges, C. E. (2007), S. 225.
[395] Vgl. Kümpel, T. (2004), S. 1228.
[396] Vgl. hierzu ausführlich Klaholz, T. (2005), S. 112.
[397] Vgl. PWC (2007), S. 21038.
[398] Die Alternativen einen Zinssatz aus einem marktgehandelten Vergleichsobjekt herzuleiten wie auch die Anwendung des CAPM-Modells scheiden im Fall von Rückstellungen aus. Vgl. ausführlich Klaholz, T. (2005), S. 111.
[399] Vgl. Kapitel 3.4.3.1.
[400] Vgl. Freiberg, J./Lüdenbach, N. (2007), S, 333; PWC (2007), S. 21035; KPMG (2007), S. 582 f. Vgl. Beispiel aus Kapitel 3.4.3.1.

lungsströme, so ist die jährliche Aufzinsung auf Basis des Nominalzinses zu ermitteln, wodurch der jährliche Finanzaufwand korrekt, entsprechend der Forderung aus IAS 37.60, ausgewiesen wird.[401]

3.4.4 Erstattungsansprüche und Veräußerungsgewinne

3.4.4.1 Hinreichend sichere Erstattungsansprüche und Veräußerungsgewinne

In Zusammenhang mit rückstellungspflichtigen Ereignissen kann ein Unternehmen in einzelnen Fällen in Folge von Versicherungsverträgen, Entschädigungsklauseln oder Gewährleistungen einen Teil oder die gesamte Verpflichtung von einer dritten Partei erstattet bekommen.[402] Diese Rückgriffsforderungen werden erfasst, sofern es so gut wie sicher (virtually certain) ist, dass das Unternehmen die Erstattung erhält.[403] Mit dem Ansatzkriterium „so gut wie sicher" werden sehr hohe und damit höhere Ansprüche an die Bilanzierung von Rückgriffs- und Erstattungsansprüchen als an den Ansatz von Rückstellungen gestellt (so genannter „imparitätischer Wahrscheinlichkeitsbegriff").[404] In Folge dessen muss die Wahrscheinlichkeit deutlich höher als 51 % sein; sie sollte bei etwa 90 % liegen,[405] womit die Ansatzvoraussetzungen des Frameworks klar überschritten werden.[406] In vielen Fällen bestehen Zweifel, ob ein Dritter in Anspruch genommen werden kann bzw. ob dieser den Anspruch tatsächlich anerkennt. In diesen Fällen kommt lediglich die Anhangangabe über eine Eventualforderung in Frage.[407]

Durch die imparitätische Behandlung von Rückstellungen und den mit diesen wirtschaftlich verbundenen Rückgriffsansprüchen wird dem Grundsatz der wirtschaftlichen Betrachtungsweise nicht entsprochen. Denn sind die Erstattungsansprüche wahrscheinlich, so ist das Unternehmen keiner künftigen Vermögensbelastung ausgesetzt, weshalb die Bildung einer Rückstellung nicht sachgerecht ist, sondern den Ansatzkriterien widerspricht.[408]

Wurde die Ansatzhürde überwunden, sind Erstattungsansprüche als separater Vermögenswert zu bilanzieren und nicht mit der Rückstellung zu saldieren. Den-

---

[401] Vgl. Ernst & Young (2008), S. 1941 i. V. m. PWC (2007), S. 21035. Vgl hierzu das Beispiel zur Gegenüberstellung von Real- und Nominalzins aus Kapitel 3.4.3.1.
[402] Vgl. Gelhausen, H.-F./Pape, J./Schruff, W. (2007), Rdnr. 103.
[403] Vgl. IAS 37.53.
[404] Vgl. Lüdenbach, N./Hoffmann, W.-D. (2003), S. 5 f.
[405] Vgl. Hebestreit, G./Dörges, C. E. (2006), Rdnr. 63.
[406] Vgl. F.83 i. V. m. F.89.
[407] Vgl. Hebestreit, G./Dörges, C. E. (2006), Rdnr. 63.
[408] Vlg. Ernstig, I./Keitz, I. v. (1998), S. 2482.

3.4 Bewertung bei erstmaligem Ansatz

noch darf der aktivierte Betrag die Höhe der passivierten Rückstellung nicht übersteigen.[409] Eine Saldierung der Erstattung mit dem Rückstellungsaufwand in der Gewinn- und Verlustrechnung ist hingegen zulässig.[410] Der Bruttoausweis in der Bilanz ist nur ausnahmsweise gestattet, sofern das Unternehmen auch bei Ausfall des Erstattungspflichtigen, beispielsweise auf Grund eines vertraglich rechtswirksamen Haftungsausschlusses, nicht für die entsprechenden Kosten haftbar ist.[411] Auch in einem weiteren Fall ist der Ausweis der vollen Verpflichtung nicht erforderlich: Haftet ein Unternehmen gesamtschuldnerisch für eine Verpflichtung und ist zu erwarten, dass die anderen Parteien ihren Teil der Verpflichtung übernehmen, ist in Höhe des Teils, der erwartungsgemäß durch andere Parteien erfüllt wird, keine Rückstellung zu bilden. Dieser Betrag entspricht einer Eventualschuld,[412] da die Voraussetzungen für den Ansatz einer Rückstellung auf Grund der fehlenden Wahrscheinlichkeit des Ressourcenabflusses nicht gegeben sind.[413] Diese Vorgehensweise ist verwunderlich, da ökonomisch derselbe Sachverhalt wie im Fall eines Erstattungsanspruches vorliegt, Erstattungsansprüche jedoch den auszuweisenden Rückstellungsbetrag nicht mindern.[414]

Im Gegensatz zu Erstattungsansprüchen sind Erträge aus dem Abgang von Vermögenswerten bei der Bildung von Rückstellungen grundsätzlich nicht zu berücksichtigen.[415] So ist es möglich, dass bedingt durch einen rückstellungspflichtigen Sachverhalt neben der Vermögensbelastung auch ein Ertrag in Zusammenhang mit der Veräußerung dieses Vermögenswertes resultiert.[416] Dieser mindert jedoch den Rückstellungsbetrag selbst dann nicht, wenn der Abgang in engem Zusammenhang mit der Passivierung der Rückstellung steht.[417] Stattdessen sind Forderungen und Erträge aus der Veräußerung von Vermögenswerten in Übereinstimmung mit dem jeweils entsprechenden Standard zu behandeln.[418] Mit dieser Regelung wird dem Saldierungsverbot des IAS 1.32 ff. entsprochen, genauso wie den Grundsätzen der Ertragsrealisierung des IAS 18, da es sich bei den Veräußerungserlösen um noch unrealisierte Erträge handelt.[419]

---

[409] Vgl. IAS 37.53.
[410] Vgl. IAS 37.54.
[411] Vgl. IAS 37.57 i. V. m. Schmidbauer, R. (2000), S. 1134; Keitz, I. v. u. a. (2007), Rdnr. 97.
[412] Vgl. IAS 37.58 i. V. m. IAS 37.29.
[413] Vgl. Hebestreit, G./Dörges, C. E. (2006), Rdnr. 64.
[414] Vgl. Ernst & Young (2008), S. 1944.
[415] Vgl. IAS 37.51.
[416] Vgl. Hachmeister, D. (2006), S. 140.
[417] Eine Ausnahme von diesem Saldierungsverbot besteht bei der Bemessung der Rückstellung für belastende Verträge, die im Rahmen dieser Arbeit nicht betrachtet werden.
[418] Vgl. IAS 37.52.
[419] Vgl. Keitz, I. v. u. a. (2007), Rdnr. 94.

In der Literatur wird diskutiert, ob es im Hinblick auf die Zielsetzung der Rückstellungsbildung, nämlich den für die Erfüllung der Verpflichtung notwendigen Betrag anzusetzen, sachgerecht ist, Erträge aus der Veräußerung erst künftig bei der Erfüllung der Verpflichtung entstehender Vermögenswerte zu berücksichtigen. Um die Objektivität nicht zu untergraben, müssen die Erträge unmittelbar aus der Erfüllung der Verpflichtung resultieren und hinreichend sicher sein. So kann ein Unternehmen beispielsweise auf Grund einer Rücknahmeverpflichtung künftig einen Vermögenswert erlangen und aus dessen Verschrottung Erlöse realisieren, die die künftige Vermögensbelastung mindern.[420]

3.4.4.2 Unbedingte Ansprüche nach ED IAS 37

Auch die Änderungsvorschläge zur Behandlung von Erstattungsansprüchen sehen eine Absenkung der Ansatzhürde vor. Demgemäß fällt die Formulierung „virtually certain" weg. Anstatt dessen können Erstattungsansprüche bereits erfasst werden, wenn sie verlässlich bewertbar sind.[421] Obwohl es sich bei der Erstattung selbst um ein bedingtes Recht handelt, ist dies mit einem bilanzierungsfähigen Vermögenswert, nämlich dem unbedingten Recht eine Erstattung zu erhalten, verbunden. Bilanziert werden kann daher lediglich das Recht auf Erstattung,[422] sofern die Ansatzkriterien des Frameworks erfüllt werden. Dabei wird die Wahrscheinlichkeit eines Nutzenzuflusses in der Konsequenz der Streichung des IAS 37.14 (b) nicht mehr explizit gefordert. Jedoch ist das Wahrscheinlichkeitskriterium in Bezug auf das unbedingte Recht analog zu unbedingten Verpflichtungen per se als erfüllt anzusehen.[423] Diese Regelung ist zwar vor dem Hintergrund der Änderungen des IAS 37 konsequent, widerspricht jedoch den Regelungen des IAS 38 zur Bilanzierung unbedingter Rechte. In IAS 38 bleibt das Wahrscheinlichkeitskriterium als Ansatzvoraussetzung weiterhin bestehen.[424]

3.4.4.3 Mögliche Erstattungsansprüche bei Entsorgungs- und Wiederherstellungsverpflichtungen

Erstattungsansprüche sind auch im Bereich von Entsorgungs- und Wiederherstellungsverpflichtungen in unterschiedlicher Weise anzutreffen. Unternehmen, die beispielsweise Umweltrisiken nicht ausschließen können und möglicherweise Re-

---

[420] Vgl. Gelhausen, H.-F./Pape, J./Schruff, W. (2007), Rdnr. 101.
[421] Vgl. ED IAS 37.46.
[422] Vgl. ED IAS 37.47 i. V. m. ED IAS 37 BC90.
[423] Vgl. ED IAS 37.BC91 i. V. m. Andrejewski, C./Mielke, O. (2005), S. 586.
[424] Vgl. Andrejewski, C./Mielke, O. (2005), S. 586 f.

3.4 Bewertung bei erstmaligem Ansatz

kultivierungsverpflichtungen zu tragen haben, können diese durch eine Umwelthaftpflichtversicherung, die im Schadensfall die Verpflichtung teilweise oder vollständig übernimmt, reduzieren. Sind diese Erstattungsansprüche so gut wie sicher bzw. nach den Vorschlägen des ED nur zuverlässig bewertbar, sind sie als separater Vermögenswert zu aktivieren. In der Regel ist bei einer solchen Versicherung ein gänzlicher Haftungsausschluss des Unternehmens nicht möglich, weshalb eine Saldierung mit der Rückstellung nicht in Frage kommt.[425]

Im Bereich von Entsorgungsverpflichtungen können Erstattungsansprüche gegenüber Fonds für Entsorgung, Wiederherstellung und Umweltsanierung (kurz Entsorgungsfonds) bestehen, deren bilanzielle Behandlung von IFRIC 5 geregelt wird.[426] Solche Fonds, die von unabhängigen Treuhändern gesondert verwaltet werden,[427] können in verschiedenen Ausgestaltungen von einem oder mehreren Teilnehmern gegründet werden.[428] Dabei muss deren Zugriffsrecht auf die Vermögenswerte des Fonds begrenzt sein.[429] Ein Fonds fällt in den Geltungsbereich von IFRIC 5, sofern das bilanzierende Unternehmen keinen maßgeblichen oder beherrschenden Einfluss auf diesen Fonds ausübt oder an einer gemeinsamen Führung beteiligt ist. In diesem Fall muss das einzahlende Unternehmen seine Anteile am Fonds als Erstattungsanspruch gemäß IAS 37 ausweisen.[430] Eine Aufrechnung mit der Verpflichtung ist analog zu den Vorschriften für Erstattungsansprüche des IAS 37 verboten,[431] falls die Entsorgungsverpflichtung weiterhin unverändert bestehen bleibt.[432] Die Bewertung der Erstattung erfolgt mit dem niedrigeren Betrag aus der angesetzten Entsorgungsverpflichtung und dem Anteil des Teilnehmers am fair value des Fondsvermögens.[433] Durch diese Regelung wird auch die in IAS 37 enthaltene Beschränkung der Höhe des Erstattungsanspruchs maximal auf die Höhe der Rückstellung als asset cap übernommen.[434] Die Fondsteilnehmer können auch zur Leistung von Nachschüssen verpflichtet sein, beispielsweise wenn ein anderer Teilnehmer zahlungsunfähig wird. Eine solche Verpflichtung ist als Eventualschuld zu bilanzieren.[435]

---

[425] Vgl. Schrimpf-Dörges, C. E. (2007), S. 221 f.
[426] Vgl. IFRIC 5.4.
[427] Vgl. IFRIC 5.3(a) i. V. m. IFRIC 5.4(a).
[428] Vgl. hierzu ausführlich IFRIC 5.2.
[429] Vgl. IFRIC 5.4(b).
[430] Vgl. IFRIC 5.8 f.
[431] Vgl. Zülch, H./Willms, J. (2005), S. 1182.
[432] Vgl. Köhlmann, S. (2007), S. 135 i. V. m. Klaholz, T. (2005), S. 116.
[433] Vgl. IFRIC 5.9(a) und (b). Fair value-Änderungen sind, soweit sie nicht auf Beiträgen an den Fonds oder erhaltenen Erstattungen aus dem Fonds beruhen, erfolgswirksam zu erfassen.
[434] Vgl. Zülch, H./Willms, J. (2005), S. 1183.
[435] Vgl. IFRIC 5.10.

Ein Beispiel für eine derartige Fondslösung sind Entsorgungsfonds für nukleare Abfälle unter Bundesaufsicht, in die jeder Kernkraftbetreiber eine Gebühr einzahlen muss. Diese Lösung gibt es z.B. in der Schweiz.[436] Im Gegensatz zu Ansprüchen aus Entsorgungsfonds spielen bei nuklearen Entsorgungsverpflichtungen Veräußerungsgewinne keine Rolle. Dies wird durch das mittlerweile geltende Verbot der Wiederaufarbeitung von radioaktivem Abfall begründet.[437] Deshalb scheidet die Möglichkeit der Veräußerung des aus abgebrannten Brennelementen gewinnbaren Urans aus.

3.5 Aktivierung von Entsorgungs- und Wiederherstellungsausgaben

Rückbau- und Wiederherstellungsverpflichtungen entstehen entweder bereits mit dem Erwerb einer Sachanlage oder in Folge von deren Nutzung.[438] Ist schon bei Inbetriebnahme einer Sachanlage das verpflichtende Ereignis eingetreten, kann sich das Unternehmen damit einhergehend der Verpflichtung nicht mehr entziehen und muss diese in voller Höhe passivieren.[439] Allerdings werden die Erträge, die durch die Nutzung dieser Sachanlage erwirtschaftet werden, erst in den Folgejahren realisiert und damit ergebniswirksam erfasst. Die sofortige, erfolgswirksame Erfassung einer Rückbau- und Wiederherstellungsverpflichtung bei ihrer Entstehung widerspricht daher der Revenue-/Expense-Theorie sowie der Alimentationsthese Moxters. Würde die Verpflichtung andererseits nicht bei ihrer Entstehung in voller Höhe passiviert, widerspräche dies den Grundsätzen des Frameworks[440] wie auch der Asset-/Liability-Theorie und den Grundsätzen der Wesentlichkeitsthese.[441]

Das IASB löst dieses „Spannungsverhältnis zwischen korrektem Vermögensausweis und sachgerechter Periodisierung"[442] indem die gemäß IAS 37 zu passivierende Vollrückstellung nicht erfolgswirksam gegen den Aufwand gebucht wird, sondern erfolgsneutral als Bestandteil der Anschaffungs- und Herstellungskosten der zugehörigen Sachanlage zu bilden ist.[443] Dadurch ergibt sich folgende Buchung bei Entstehen der Verpflichtung:

---

[436] Vgl. Art. 77 KEG.
[437] Vgl. § 9a Abs. 1 Satz 2 AtG.
[438] Vgl. Klaholz, T. (2005), S. 55; Kümpel, T. (2004), S. 1227.
[439] Vgl. Kapitel 3.3.1.2 und 3.3.1.4.
[440] Vgl. F.33.
[441] Vgl. ausführlich zu diesen Theorien Kapitel 2.1.2.
[442] Zülch, H./Willms, J. (2005), S. 1179.
[443] Vgl. IAS 16.16 (c) i. V. m. Keitz, I. v. u. a. (2007), Rdnr. 105.

3.5 Aktivierung von Entsorgungs- und Wiederherstellungsausgaben

Tabelle 4: Aktivierung von Entsorgungs- und Wiederherstellungsausgaben

Per	Vermögenswert	an	Rückstellung

Durch die Aktivierung der Entsorgungs- und Wiederherstellungsausgaben werden diese auch bei der Ermittlung des Abschreibungsbetrages des Vermögenswertes berücksichtigt.[444] Der Rückstellungsbetrag wird in der Folge über die Erfassung der Abschreibung entsprechend der Nutzungsdauer des Vermögenswertes periodisiert,[445] wodurch der Aufwand sachgerecht erfasst wird. Diese Vorgehensweise ermöglicht sowohl eine korrekte Periodenabgrenzung gemäß der Revenue-/Expense-Theorie als auch einen vollständigen Ausweis der Verpflichtungen wie er von der Asset-/Liability-Theorie gefordert wird (s. nachstehende vereinfachte Abbildung 6). Jedoch wird auch kritisiert, dass die Anschaffungs- oder Herstellungskosten durch die Integration der Entsorgungs- und Wiederherstellungsaufwendungen verwässert werden.[446] Dennoch ist diese Vorgehensweise auch aus investitionstheoretischer Sicht zu vertreten, da ein Unternehmen die erst später entstehenden, unvermeidlichen Kosten in seine Kalkulation miteinbezieht.[447]

---

[444] Vgl. Zülch, H./Willms, J. (2005), S. 1180.
[445] Vgl. IAS 16.50.
[446] Vgl. Hachmeister, D./Zeyer, F. (2008), Rdnr. 329.
[447] Vgl. Kümpel, T. (2007), S. 6; Hachmeister, D. (2006), S. 166.

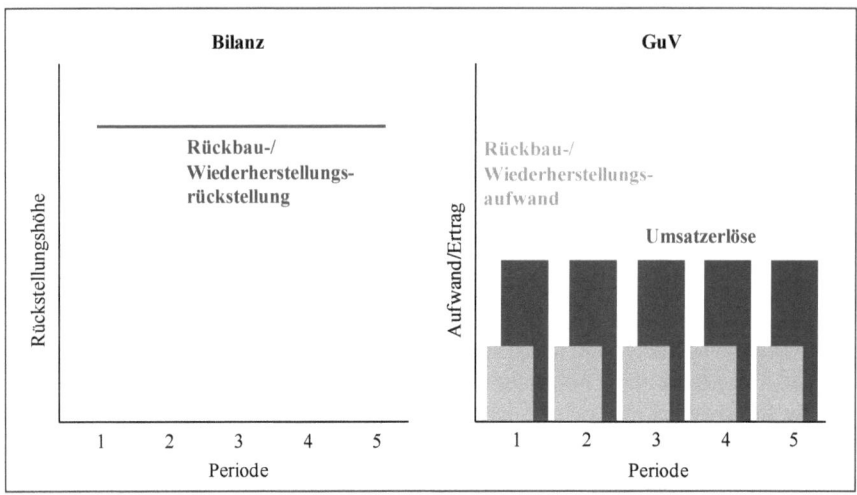

Abbildung 6: Erfolgsneutrale Passivierung einer Vollrückstellung[448]

Zur Überprüfung der Aktivierungspflicht künftiger Entsorgungs- und Wiederherstellungsausgaben, sind folgende Schritte notwendig:

Tabelle 5: Systematik zur Überprüfung der Aktivierungspflicht

1. Schritt	Prüfung, ob eine Entsorgungs- und Wiederherstellungsverpflichtung für die Sachanlage vorliegt.
2. Schritt	Prüfung der Passivierungspflicht gemäß IAS 37 für die Entsorgungs- und Wiederherstellungsverpflichtung.
3. Schritt	Bewertung der Entsorgungs- und Wiederherstellungsverpflichtung gemäß IAS 37.
4. Schritt	Prüfung, ob Entsorgungs- und Wiederherstellungsausgaben gemäß IAS 16.16(c) als Bestandteil der AK/HK des zugehörigen Vermögenswertes zu aktivieren sind.

Bei der Prüfung der Aktivierungsvoraussetzungen im Rahmen des vierten Schritts sind die Regelungen des IAS 16.16(c) zu beachten. Hiernach müssen aktivierungspflichtige Ausgaben durch den *Erwerb* des Gegenstandes entstehen, wobei das

---
[448] In der vereinfachten Darstellung wurde die Aufzinsung vernachlässigt. Vgl. auch Kapitel 2.1.3.

3.5 Aktivierung von Entsorgungs- und Wiederherstellungsausgaben 81

Unternehmen diesen während einer gewissen Periode *nicht zur Herstellung von Vorräten* benutzten darf.[449] Es ist also notwendig zu unterscheiden, *woraus* die Verpflichtung resultiert: ob aus der Anschaffung, worunter hier auch die Herstellung fällt, oder aus der Nutzung der Sachanlage,[450] d.h. in Folge der Produktion eines Vermögenswertes.[451] Je nach Ausgestaltung sind die künftigen Aufwendungen unterschiedlich zu behandeln (vgl. Anhang 7):

- Entsteht die Verpflichtung durch Erwerb der Sachanlage, erfolgt die Gegenbuchung als Teil der AK/HK der Sachanlage.

- Entsteht die Verpflichtung innerhalb einer Periode in Folge der Nutzung der Sachanlage zur Herstellung von Vorräten in dieser Periode, ist sie gemäß IAS 2 als Teil der HK der Vorräte zu berücksichtigen.[452]

Der Erwerb bzw. die Herstellung einer Sachanlage endet nach IAS 16.20, wenn sich diese an dem Standort und in dem vom Management beabsichtigten betriebsbereiten Zustand befindet.[453] Alle anschließend entstehenden Verpflichtungen müssen potenziell gemäß IAS 2 als Bestandteil der Vorräte aktiviert werden. Davon abzugrenzen sind jedoch nachträgliche AK/HK, die immer dann aktivierungspflichtig werden, wenn die allgemeinen Ansatzkriterien des IAS 16.7 erfüllt sind, sie also zu einem künftigen wirtschaftlichen Nutzen führen.[454]

Entsorgungs- und Wiederherstellungsverpflichtungen, die mit dem Erwerb einer Sachanlage von einem Unternehmen eingegangen werden, zeichnen sich dadurch aus, dass sie unabhängig von der künftigen Nutzung der Sachanlage bestehen und damit die Unentziehbarkeit bereits vorliegt. Demzufolge unterscheiden sich diese Verpflichtungen nicht von den restlichen unvermeidlichen Bestandteilen der AK/HK;[455] vielmehr sind sie gemäß der Argumentation des FASB ein integraler Bestandteil der AK/HK. So stellen diese Verpflichtungen eine notwendige Voraussetzung dar, um den Vermögenswert überhaupt in der vom Unternehmen beabsichtigten Weise künftig nutzen zu können.[456] Zu beachten ist bei dieser Konzeption des IASB, dass die Aktivierung von Entsorgungs- und Wiederherstellungsverpflichtungen immer nur als Bestandteil der AK/HK in Frage kommt und nie zu einem separaten Vermögenswert führen kann.[457] Diese Methode setzt voraus, dass der Vermögenswert, welcher zur Verpflichtung „gehört", aktiviert wird. Im Fall

---
[449] Vgl. IAS 16.16 (c).
[450] Vgl. Klaholz, T. (2005), S. 126 und 128.
[451] Vgl. Zülch, H./Willms, J. (2005), S. 1180.
[452] Vgl. IAS 16.18.
[453] Vgl. IAS 16.20.
[454] Vgl. Klaholz, T. (2005), S. 133.
[455] Vgl. Klaholz, T. (2005), S. 128 f.
[456] Vgl. Rüdinger, A. (2004), S. 175.
[457] Vgl. IAS 16.16 i. V. m. Klaholz, T. (2005), S. 56.

von Mietereinbauten lässt sich dieses Problem lösen, indem die Einbauten separat aktiviert werden. Wie jedoch zu verfahren ist, wenn beispielsweise das Mietobjekt untervermietet wurde und lediglich die Entfernungsverpflichtung weiterhin besteht, bleibt ungeklärt. Von IAS 16 ebenso ungeklärt bleibt die Frage, wie mit der Verpflichtung bei Anwendung des Komponentenansatzes zu verfahren ist. Da sich eine derartige Verpflichtung zumeist auf die Entsorgung des gesamten Vermögenswertes bezieht und diese Ausgaben über dessen gesamte Nutzungsdauer „abgeschrieben" werden sollten, wird in diesen Fällen eine Aktivierung als Teil der „Rest"-Komponente nach Ansicht der Autorin als sachgerecht angesehen.

Entsteht die Verpflichtung hingegen nicht zum *Zeitpunkt* des Erwerbs sondern erst im *Zeitablauf* in Folge der Nutzung, besteht das Spannungsverhältnis zwischen periodengerechter Erfolgsermittlung und vollständigem Ausweis der Verpflichtungen nicht.[458] Dementsprechend ist eine Aktivierung als Teil der AK/HK nicht vorgesehen. Allerdings erfolgt die Gegenbuchung in diesem Fall auch nicht – wie nach HGB – direkt im Aufwand.[459] Denn nach Ansicht des IASB liegt bei solchen Verpflichtungen dem Charakter nach ein Bestandteil der Herstellungskosten der Vorräte vor.[460]

Beispiel: Die Gravel AG aus Pittsburgh erwarb im Jahr 01 eine Kiesgrube (s. Beispiel Kapitel 3.3.1.4). Das Unternehmen hat sowohl eine Verpflichtung zur Wiederherstellung der Oberfläche der gesamten Kiesgrube als auch eine Verpflichtung zur Auffüllung der Teile, in denen Kies abgebaut wurde. Die Verpflichtung zur Wiederherstellung der Oberfläche stellt ein notwendiges Erfordernis dar, um die Kiesgrube in der vom Management beabsichtigten Weise nutzbar zu machen. Sie ermöglicht somit die Nutzung des Grundstücks in den Folgejahren. Diese Aufwendungen zur Wiederherstellung der Oberfläche erfüllen die Voraussetzungen des IAS 16.16(c) und müssen daher als Bestandteil der Kiesgrube aktiviert werden. Da die Nutzung bzw. Ausbeutung der Kiesgrube begrenzt ist, wird diese, obwohl es sich um ein Grundstück handelt, in den Folgejahren abgeschrieben. Hierdurch werden die Wiederherstellungsaufwendungen durch die Abschreibung periodisiert.

Die Verpflichtung zur Auffüllung des Grundstücks entsteht hingegen erst durch dessen Nutzung und weist dadurch einen anderen Charakter auf. Die Höhe der Verpflichtung bezieht sich ausschließlich auf die im jeweiligen Jahr abgebaute Menge an Kies. Folglich ist sie als Bestandteil der Vorräte nach IAS 2 zu bilanzie-

---

[458] Vgl. Klaholz, T. (2005), S. 135.
[459] Vgl. Heuser, P.J./Theile, C./Pawelzi, K. U. (2007), Rdnr. 1135.
[460] Außerdem würde die Aktivierung der mit der Verpflichtung verbundenen Ausgaben als Teil einer Sachanlage zum selben Ergebnis führen, wie die Zurechnung zu den Vorräten. Denn in diesem Fall flößen die Ausgaben über die Abschreibung ebenfalls in die Ermittlung der Herstellungskosten der Vorräte ein. Vgl. IAS 37.BC15.

ren. Es besteht hier kein Konflikt zwischen der Periodisierung der Aufwendungen und dem vollständigen Ausweis der Verpflichtung.[461]

3.6 Folgebewertung und Ausbuchung

3.6.1 Anpassung, Verbrauch und Auflösung von Rückstellungen

Neben der jährlichen Aufzinsung von Rückstellungen, die mit dem Barwert angesetzt wurden,[462] hat das bilanzierende Unternehmen die passivierten Rückstellungen zu jedem Bilanzstichtag zu überprüfen. Unter Umständen sind die Rückstellungsbeträge anzupassen, um auch in den Folgejahren sicherzustellen, dass der Bilanzansatz dem best estimate entspricht.[463] Eine Anpassung kann durch neue Erkenntnisse aber auch durch die Änderung von Schätzparametern notwendig werden und sich in der Folge sowohl auf den Ansatz als auch auf die Bewertung auswirken.[464] Diese Anpassungen sind prospektiv zu erfassen, da es sich hierbei nicht um Fehler handelt, die eine rückwirkende Korrektur des Vorjahresabschlusses (restatement) auslösen, sondern um Schätzungsänderungen gemäß IAS 8.32-38.[465] Dabei sind die Anpassungen[466] in der Periode, in der der Anpassungsbedarf erkannt wird, erfolgswirksam zu verbuchen.[467] Sollten neue Schätzungen zu einem geringeren Rückstellungsbetrag führen, ist die Rückstellung in Höhe des nun überhöhten Rückstellungsbetrages über die sonstigen betrieblichen Erträge aufzulösen.[468] Hingegen ist der Anpassungsbetrag aus der jährlichen Aufzinsung der Verpflichtung erfolgswirksam als Finanzaufwand zu erfassen.[469]

Rückstellungen dürfen nur für Ausgaben verbraucht werden, für die sie gebildet wurden,[470] d.h. die angefallenen Ausgaben müssen in direktem Zusammenhang

---

[461] Beispiel in Anlehnung an ein Beispiel in Bezug auf eine Ölplattform aus IAS 37 App. C Example 3 und ED IAS 37.IE Example 6 und Klaholz, T. (2005), S. 135 f. Vgl. ausführlich zu dieser Abgrenzung Schmidtbauer, R. (2000), S. 1136 f.
[462] Vgl. IAS 37.60.
[463] Vgl. IAS 37.59.
[464] Vgl. Hebestreit, G./Dörges, C. E. (2006), Rdnr. 72.
[465] Vgl. Keitz, I. v. u. a. (2007), Rdnr. 107. Zur Abbildung von Fehlern früherer Perioden vgl. Hachmeister, D./Zeyer, F. (2008), Rdnr. 315 i. V. m. IAS 8.41-49.
[466] ED IAS 37.44 stellt klar, dass sowohl der Betrag und der Zeitpunkt des erwarteten Ressourcenabflusses wie auch die damit verbundenen Risiken und Unsicherheiten zu überprüfen sind.
[467] Vgl. Heuser, P. J./Theile, C./Pawelzik, K. U. (2007), Rdnr. 2360. Eine Ausnahme bilden Entsorgungsverpflichtungen, die den Bilanzansatz des Vermögenswertes erhöht haben. Hier werden die Anpassungen erfolgsneutral durch Änderung des Buchwertes des zugehörigen Vermögenswertes erfasst. Vgl. hierzu Kapitel 3.6.2.
[468] Vgl. Hachmeister, D./Zeyer, F. (2008), Rdnr. 317. Es wird auch die Ansicht vertreten, dass die Auflösung grds. über die Position der Gewinn- und Verlustrechnung, über welche die Rückstellung gebildet wurde, erfolgen soll. Vgl. Gelhausen, H.-F./Pape, J./Schruff, W. (2007), Rdnr. 50.
[469] Vgl. IAS 37.60.
[470] Vgl. IAS 37.61.

mit dem Anlass der Rückstellungsbildung stehen.[471] Hat ein Unternehmen die Verpflichtung, für die die Rückstellung in einer Vorperiode gebildet wurde, beglichen, so kann die geleistete Auszahlung erfolgsneutral gegen die Rückstellung gebucht werden.[472] Entspricht die Höhe der Auszahlung jedoch nicht der Höhe der Rückstellung, ist der Differenzbetrag zu der zu hohen bzw. zu niedrigen Rückstellung erfolgswirksam zu erfassen.[473] Ebenso ist eine erfolgswirksame Erfassung geboten, wenn die Rückstellung aufgelöst werden muss, da mit ihrer Inanspruchnahme nicht mehr gerechnet wird.[474] In der Folge ist es nämlich nicht mehr wahrscheinlich, dass mit der Erfüllung der als Rückstellung passivierten Verpflichtung ein Ressourcenabfluss verbunden ist,[475] mit dem der passivierte Rückstellungsbetrag aufgerechnet werden kann. Zugleich muss überprüft werden, ob nun eine angabepflichtige Eventualschuld vorliegt.[476]

3.6.2 Bilanzierung von Änderungen bestehender Entsorgungs- und Wiederherstellungsverpflichtungen

3.6.2.1 Folgebewertung bei Anwendung des Anschaffungskostenmodells

Durch die Aktivierung der Entsorgungs- und Wiederherstellungskosten als Bestandteil der AK/HK einer Sachanlage, werden diese in den Folgejahren zusammen mit dem restlichen Vermögenswert abgeschrieben. Ergeben sich – wie im folgenden Beispiel – keine Schätzungsänderungen, so ist neben der Erfassung der jährlichen Abschreibung lediglich der Barwert der eingebuchten Rückstellung aufzuzinsen, was sich im Finanzierungsaufwand niederschlägt.[477]

Beispiel: Das Kernkraftwerk (KKW) der Strom-AG in Electricity[478] wird Ende 2008 fertig gestellt. Die AK/HK betragen 1 500 Mio. €. Im Jahr 2009 wird das KKW erstmalig über die geschätzte Nutzungsdauer von 5 Jahren abgeschrieben. Zum Erwerbszeitpunkt rechnet die Strom-AG mit Stilllegungs- und Entsorgungskosten für den gesamten Entsorgungspfad nach Abzug bereits geleisteter Anzahlungen in Höhe von 378,8 T€ (best estimate), die Ende 2013 anfallen. Das Unternehmen geht ferner von einem fristenadäquaten, risikofreien Marktzinssatz von 5,5 % aus. Des Weiteren wird eine Inflationsrate von 2,5 % erwartet; ebenso kal-

---

[471] Vgl. IAS 37.62; Hebestreit, G./Dörges, C. E. (2006), Rdnr. 73.
[472] Vgl. Hachmeister, D. (2006), S. 148.
[473] Vgl. Ernstig, I./ Keitz, I. v. (1998), S. 2483.
[474] Vgl. Heuser, P. J./Theile, C./Pawelzik, K. U. (2007), Rdnr. 2360 i. V. m. Keitz, I. v. u. a. (2007), Rdnr. 112.
[475] Vgl. IAS 37.59.
[476] Vgl. Gelhausen, H.-F./Pape, J./Schruff, W. (2007), Rdnr. 50.
[477] Vgl. IFRIC 1.7 f. Eine Aktivierung der Finanzierungskosten gemäß IAS 23 ist nicht möglich. Vgl. IFRC1.BC26 i. V. m. Hachmeister, D. (2006), S. 167; Kümpel, T. (2004), S. 1229.
[478] Vgl. Beispiel Kapitel 3.4.1.3.

3.6 Folgebewertung und Ausbuchung

kuliert das Unternehmen ein allgemeines Marktrisiko von 5 % auf die inflationsbereinigten Zahlungsmittelabflüsse ein. Die Auswirkungen dieses Sachverhalts stellen sich wie folgt dar:[479]

Tabelle 6: Ermittlung des erwarteten Zahlungsmittelabflusses

	Erwarteter Zahlungsmittelabfluss
Erwartete Stilllegungskosten (inkl. Entsorgungsverpflichtung für schwach und mittel radioaktive Betriebsabfälle)	204,50 T€
Entsorgungsverpflichtung für hoch radioaktive Abfälle (die bei Stilllegung entstehen)	174,30 T€
Erwarteter Zahlungsmittelabfluss zum Zeitpunkt t = 2009	= 378,80 T€
Inflation (2,5 % über 5 Jahre)	1,1314
Zahlungsmittelabfluss nach Inflation	= 428,57 T€
Risikozuschlag 5%	21,43 T€
Zahlungsmittelabfluss nach Risikozuschlag	**= 450,00 T€**
Barwert der erwarteten Ausgaben (Zinssatz 5,5 %)	**= 344,31 T€**

Der Barwert der erwarteten Rückstellung beträgt bei Anschaffung 344,31 T€ und wird als Teil der AK/HK des KKW durch folgende Buchung aktiviert:

Tabelle 7: Aktivierung der Stilllegungs- und Entsorgungsausgaben

Per	Kernkraftwerk	344,31 T€	an	Rückstellung	344,34 T€

Nachfolgende Übersicht zeigt die Entwicklung der Abschlüsse für die Jahre 2008 bis 2013:

---

[479] Vgl. Anhang 8 zur Auswirkung des Sachverhalts auf den Ansatz latenter Steuern.

Tabelle 8: Entwicklung der Abschlussposten

Angaben in T€	2008	2009	2010	2011	2012	2013
Rückstellung	344,31	363,25	383,23	404,31	426,55	450,00
Aufzinsung		18,94	19,98	21,08	22,24	23,46
KKW	1 844,31	1 475,44	1 106,58	737,72	368,86	0
Abschreibung		368,86	368,86	368,86	368,86	368,86

Das KKW wird linear über die Laufzeit von 5 Jahren abgeschrieben; dadurch beträgt die jährliche Abschreibung 368,86 T€. Die gesamte Ergebniswirkung in den Folgejahren setzt sich aus der Abschreibung der Sachanlage und dem Zinsaufwand aus der Aufzinsung zusammen und beträgt beispielsweise für das Jahr 2009 18,94 T€ (334,31 × 0,055). Dies wird wie folgt erfasst:

Tabelle 9: Ergebniswirksame Erfassung

Per	Zinsaufwand	18,94 T€	an	Rückstellung	18,94 T€
Per	Abschreibung	368,86 T€	an	Kernkraftwerk	368,86 T€

In Zusammenhang mit Entsorgungs- und Wiederherstellungsverpflichtungen kommt es indessen auf Grund des langen Zeithorizonts häufig zu Änderungen von Schätzgrößen.[480] IAS 37 enthält jedoch lediglich Vorschriften zur Folgebewertung der Rückstellungen. Wie die Auswirkungen von Bewertungsänderungen im Fall von Entsorgungs- und Wiederherstellungsausgaben, die als Bestandteil der AK/HK der zugehörigen Sachanlage aktiviert wurden, zu behandeln sind, wird hingegen von IFRIC 1 geregelt.[481] Die Folgebewertung des Sachanlagevermögens erfolgt in der IFRS-Bilanzierungspraxis in Deutschland nahezu ausschließlich zu fortgeführten AK/HK.[482] In diesem Fall wird bei Änderungen des geschätzten Ressourcenabflusses oder des Marktzinssatzes wie folgt verfahren:[483]

Verändert sich der Erfüllungsbetrag oder der Kalkulationszinssatz, so wird die Buchwertänderung des Sachanlagevermögens analog zur Bilanzierung der Ände-

---
[480] Vgl. IFRIC 1.BC5 i. V. m. Kümpel, T. (2004), S. 1229.
[481] Vgl. IFRIC 1.1; IFRIC1.BC4.
[482] Vgl. Keitz, I. v. (2005), S. 59.
[483] Vgl. IFRIC 1.3.

3.6 Folgebewertung und Ausbuchung

rung der Rückstellung prospektiv erfasst.[484] Dies bedeutet, eine Erhöhung oder Verminderung des Barwertes der Verpflichtung wirkt sich auf den Buchwert der Sachanlage aus und schlägt sich daher anschließend über die Abschreibung in der Gewinn- und Verlustrechnung nieder.[485] Allerdings darf der Buchwert der Verpflichtung nicht negativ werden. Sollte die Verminderung der Rückstellung höher sein als der Buchwert der Sachanlage, so ist der übersteigende Betrag erfolgswirksam zu verbuchen.[486] Steigt auf der anderen Seite der Rückstellungsbetrag und in der Folge auch der Buchwert der zugehörigen Sachanlage, muss dies das Unternehmen zum Anlass nehmen, das Vorliegen eines Indikators für eine Wertminderung zu überprüfen.[487] Hierdurch wird die Gefahr überhöhter oder negativer Buchwerte vermieden.[488]

Beispiel: Im obigen Ausgangsbeispiel wird die Stilllegungs- und Entsorgungsverpflichtung Ende des Jahres 2010 auf 300 T€ geschätzt. Darüber hinaus stellt sich bei der Bewertung im Jahr 2011 heraus, dass der Marktzinssatz auf 4,5 % gesunken ist. Daraus ergeben sich folgende Wertentwicklungen.

Tabelle 10: Entwicklung der Abschlussposten bei Anwendung des Anschaffungskostenmodells

Angaben in T€	2008	2009	2010	2011	2012	2013
Rückstellung	344,31	363,25	255,48	274,72	287,08	300,00
Aufzinsung		18,94	19,98	14,05	12,36	12,92
Reduktion			127,75			
Zuführung				5,19		
KKW	1 844,31	1 475,44	978,83	657,74	328,87	0
Abschreibung		368,86	368,86	326,28	328,87	328,87
Abstockung			127,75			
Zuführung				5,19		

- Im **Jahr 2010** beträgt die Höhe der Verpflichtung gemäß der veränderten Schätzung $300/1,055^3 = 255,48$ T€. Ohne die Schätzungsänderung würde die Höhe der Rückstellung 383,23 T€ ($450/1,055^3$) betragen, woraus sich ei-

---
[484] Die prospektive Erfassung steht in Einklang mit IAS 8. Vgl. IFRIC 1.BC12.
[485] Vgl. IFRIC 1.5(a) i. V. m. Hachmeister, D./Zeyer, F. (2008), Rdnr. 334.
[486] Vgl. IFRIC 1.5(b).
[487] Vgl. IFRIC 1.5(c).
[488] Vgl. IFRIC 1.BC18.

ne Reduktion um 127,75 T€ (383,23 − 255,48) ergibt. Der Buchwert des KKW ist um denselben Betrag abzustocken und beträgt daher lediglich 978,83 T€ (1106,58 − 127,75). Die Abschreibung verringert sich in der Folge ebenfalls und ergibt nun 326,28 T€ (978,83/3).

- Durch die Reduktion des Diskontierungszinssatzes auf 5 % im Jahr **2011** erhöht sich der Barwert der Rückstellung. Dieser beträgt daher anstatt 269,53 T€ (255,48 + 14,05) nun 274,72 T€ ($300/1,045^2$). Die Differenz aus der Abzinsung mit 4,5 % und 5,5 % in Höhe von 5,19 T€ ist als Zuführung zur Entsorgungsverpflichtung zu erfassen, die sich ebenfalls auf den Buchwert des KKW niederschlägt. Die Abschreibung in den Folgejahren beträgt nun 328,87 T€ (657,74/2).

3.6.2.2 Folgebewertung bei Anwendung des Neubewertungsmodells

Wird das von IAS 16 gewährte Wahlrecht wahrgenommen, die Folgebewertung nicht gemäß dem *benchmark treatment* anhand der fortgeführten AK/HK vorzunehmen, sondern das Neubewertungsmodell nach dem *allowed alternative treatment* anzuwenden,[489] wird hierdurch auch die Erfassung der Änderung von Entsorgungsverpflichtungen entscheidend beeinflusst.[490]

In diesem Fall wirken sich die Anpassungen aus den Änderungen des erwarteten Verpflichtungsbetrages nicht zwingend auf den Buchwert der entsprechenden Sachanlage aus. Stattdessen wird die Änderung der Rückstellungshöhe durch einen Passivtausch in die Neubewertungsrücklage gebucht.[491] Folglich bewirkt eine Abnahme des Rückstellungsbetrages eine Erhöhung der Neubewertungsrücklage und umgekehrt bewirkt eine Rückstellungserhöhung eine Abnahme der Neubewertungsrücklage.[492] Allerdings sind auch hier Ausnahmen zu beachten. So ist eine *Abnahme* der Rückstellung in folgenden Fällen unmittelbar erfolgswirksam zu erfassen:

- Die Abnahme der Rückstellung macht eine Abwertung des Vermögenswertes rückgängig, die als Aufwand erfasst wurde.[493]
- Die Abnahme der Rückstellung überschreitet den Buchwert des zugehörigen Vermögenswertes, der bei Anwendung des Anschaffungskostenmodells angesetzt worden wäre.[494]

---

[489] Zur Bewertung von Sachanlagevermögen nach IAS 16 vgl. ausführlich Hagemeister, D. (2004).
[490] Vgl. Kümpel, T. (2004), S. 1228.
[491] Vgl. Zülch, H./Willms, J. (2005), S. 1181.
[492] Vgl. IFRIC 1.6(a).
[493] Vgl. IFRIC 1.6(a)(i). Dies entspricht auch der Regelung des IAS 16.39.

3.6 Folgebewertung und Ausbuchung

Durch die letzte Ausnahmeregelung wird die Zunahme der Neubewertungsrücklage begrenzt. Die Begründung hierfür liegt darin, dass der entsprechende Buchwert bei Anwendung des Anschaffungskostenmodells durch die Reduktion der Rückstellung nicht negativ werden darf.[495]

Beispiel: Die fortgeführten historischen Anschaffungskosten für eine Maschine belaufen sich auf 15 T€. Der fair value beträgt 50 T€, weshalb sich die Neubewertungsrücklage auf 35 T€ beläuft. Zu diesem Zeitpunkt reduziert sich die Rückstellung um 20 T€. Davon sind 15 T€ in die Neubewertungsrücklage einzustellen und 5 T€ erfolgswirksam zu erfassen. Die fiktiv fortgeführten historischen Anschaffungskosten betragen 0 €.[496]

Auch die *Erhöhung* einer Rückstellung aus der Neubewertungsrücklage ist nur begrenzt, bis zur Höhe der entsprechenden Rücklage, erlaubt. Die Neubewertungsrücklage darf in diesem Fall nicht negativ werden; stattdessen muss eine über die Höhe der Neubewertungsrücklage hinausgehende Aufstockung der Rückstellung erfolgswirksam erfolgen.[497]

Darüber hinaus ist bei der Anwendung des Neubewertungsmodells zu beachten, dass sowohl eine Abnahme als auch eine Erhöhung der Verpflichtung ein Anhaltspunkt für eine Neubewertung darstellt. Es muss nämlich gewährleistet sein, dass der Buchwert eines Vermögenswertes nicht wesentlich von dessen fair value abweicht. Ist daher eine Neubewertung erforderlich, so wird diese vor der Änderung der Rückstellung erfasst. Hierdurch sind die Auswirkungen der Neubewertung bei Bemessung des Anteils der Rückstellungsänderung, der durch Veränderung der Höhe der Neubewertungsrücklage verbucht wird, zu beachten.[498]

Beispiel: Die AK/HK des KKW der Strom-AG in Electricity betragen 1 500 Mio. €. Im Jahr 2009 wird das KKW erstmalig über die geschätzte Nutzungsdauer von 5 Jahren abgeschrieben. Zum Erwerbszeitpunkt rechnet die Strom-AG damit, dass Stilllegungs- und Entsorgungskosten in Höhe von 450 T€ (best estimate) Ende 2013 anfallen werden. Das Unternehmen geht ferner von einem fristenadäquaten risikofreien Marktzinssatz von 5,5 % aus, woraus sich ein Barwert der Verpflichtung von 344,31 T€ ($450/1,055^5$) ergibt. Die Strom-AG wendet zur Folgebewertung der Grundstücke und Gebäude sowie der Maschinen und technischen Anlagen das Neubewertungsmodell nach IAS 16.31 ff an.

---

[494] Vgl. IFRIC 1.6(b). Vgl. Anhang 9.
[495] Vgl. IFRIC 1.BC25(d); Zülch, H./Willms, J. (2005), S. 1182.
[496] Beispiel in Anlehnung an IFRIC 1.BC25(d) und Zülch, H./Willms, J. (2005), S. 1182.
[497] Vgl. IFIRC 1.6(a)(ii). Dies entspricht auch der Regelung des IAS 16.40.
[498] Vgl. IFRIC 1.6(c). Der Anteil der Neubewertungsrücklage, der durch eine Veränderung der Entsorgungsverpflichtung begründet ist, ist darüber hinaus gesondert in der Eigenkapitalveränderungsrechnung gemäß IAS 1.96 auszuweisen. Vgl. IFRIC 1.6(d) i. V. m. Hachmeister, D./Zeyer, F. (2008), Rdnr. 340; Kümpel, T. (2007), S. 8.

Ende 2009 wird das KKW erstmalig zu 1 700 T€ (inkl. der Entsorgungsverpflichtung) neubewertet. Ende des Jahres 2010 wird die Stilllegungs- und Entsorgungsverpflichtung auf 300 T€ geschätzt, was eine Neubewertung des KKW nach sich zieht, die einen fair value (inkl. der Entsorgungsverpflichtung) von 1 200 T€ ergibt. Darüber hinaus stellt sich bei der Bewertung im Jahr 2011 heraus, dass der Marktzinssatz auf 4,5 % gesunken ist. Daraus ergeben sich folgende Wertentwicklungen:[499]

Tabelle 11: Entwicklung der Abschlussposten bei Anwendung des Neubewertungsmodells

Angaben in T€	2008	2009	2010	2011	2012	2013
Rückstellung	344,31	363,25	255,48	274,72	287,08	300,00
Aufzinsung		18,94	19,98	14,05	12,36	12,92
Reduktion			127,75			
Zuführung				5,19		
KKW	1 844,31	1 700,00	1 200,00	800,00	400,00	0
Abschreibung		368,86	425,00	400,00	400,00	400,00
Wertminderung			75,00			
Zuführung		224,55				
Neubewertungsrücklage		224,55	221,16	184,83	153,69	0
Zuführung		224,55	127,75			
Verminderung			75,00 56,14	5,19 31,14	31,14	31,14 122,55
Gewinnrücklage			56,14	87,28	118,42	272,11
Zuführung			56,14	31,14	31,14	31,14 122,55

- Die Neubewertung des KKW im **Jahr 2009** führt zu einer Zuschreibung um 224,55 T€ (1 700 − (1 844,31 − 368,86)), die in die Neubewertungsrücklage fließt. Die dadurch veränderte Abschreibung beträgt 425 T€ (1 700/4).
- Im **Jahr 2010** beträgt die Höhe der Verpflichtung gemäß der veränderten Schätzung 255,48 T€ (300/1,055³). Ohne die Schätzungsänderung würde die

---
[499] Vgl. Anhang 10 zur Auswirkung des Sachverhalts auf den Ansatz latenter Steuern.

3.6 Folgebewertung und Ausbuchung

Höhe der Rückstellung 383,23 T€ (450/1,055³) betragen. Hieraus ergibt sich eine Reduktion von 127,75 T€ (383,23 – 255,48). Dies führt zu einer korrespondierenden Erhöhung der Neubewertungsrücklage, da die Erhöhung nicht den fiktiven Buchwert des KKW auf Basis fortgeführter historischer Anschaffungskosten überschreitet.

- Darüber hinaus veranlasste die Reduktion der Rückstellung **2010** eine Neubewertung des KKW, die zu einem Zeitwert von 1 200 T€ (inkl. Verpflichtung) führt. Dementsprechend ist eine außerplanmäßige Abschreibung im Wert von 75 T€ (1 200 – (1 700 – 425)) im Jahr 2010 zu erfassen. Die Abschreibung für das Folgejahr beträgt 400 T€ (1 200/4).

- Die Neubewertungsrücklage **2010** erhöht sich um die Reduktion der Rückstellung (127,75) und reduziert sich um die Wertminderung des KKW (75). Darüber hinaus erfolgt eine Umbuchung aus der Neubewertungsrücklage in die Gewinnrücklage in Höhe der Differenz der neuen Abschreibung und der Abschreibung auf Basis der Anwendung der Anschaffungskostenmethode von 56,14 T€ (425 – 368,86). Die Neubewertungsrücklage beträgt 221,16 T€ (224,55 + 127,75 – 75 – 56,14).

- Durch die Reduktion des Diskontierungszinssatzes auf 4,5 % im Jahr **2011** erhöht sich der Barwert der Rückstellung. Dieser beträgt daher anstatt 269,53 T€ (255,48 + 14,05) 274,72 T€ (300/1,045²). Die Erhöhung von 5,19 T€ ist vom Wert der Neubewertungsrücklage abzuziehen. Da der Buchwert des KKW hierdurch nicht beeinflusst wird, verändert sich die Abschreibung nicht.

- Die Neubewertungsrücklage wird **2011** durch die Erhöhung der Rückstellung um 5,19 T€ reduziert, ebenso wie um die Umbuchung in die Gewinnrücklage in Höhe der Differenz zur ursprünglichen Abschreibung von 31,14 T€ (400 – 368,86). Die Neubewertungsrücklage beträgt 184,83 T€ (221,16 – 5,19 – 31,14).

- **2012** wird die Neubewertungsrücklage lediglich in Höhe der Umbuchung in die Gewinnrücklage um 31,14 T€ auf 153,69 T€ reduziert.

- Ende **2013** endet Nutzung des KKW. Daher wird neben der Abschreibungsdifferenz von 31,14 T€ auch die restliche Neubewertungsrücklage in die Gewinnrücklage eingebucht.

Hat ein Vermögenswert das Ende seiner Nutzungsdauer erreicht und wurde er daher bereits voll abgeschrieben, so sind alle anschließend auftretenden Änderungen – auch bei Anwendung des Anschaffungskostenmodells – sofort erfolgswirksam zu erfassen.[500] Spätestens bei Stilllegung oder Veräußerung der Anlage muss darüber hinaus die Neubewertungsrücklage aufgelöst werden. Hierzu gewährt IAS 16.41 ein Wahlrecht. Demnach kann die Neubewertungsrücklage bereits während der Nutzung des Vermögenswertes erfolgsneutral in die Gewinnrücklage umgebucht werden. Da die Neubewertung zu einem höheren Abschreibungsbetrag führt, bemisst sich die Umbuchung im letzten Fall anhand der Differenz der Abschreibungsbeträge auf Basis des Anschaffungskostenmodells und des Neubewertungsmodells.[501]

---

[500] Vgl. IFRIC 1.7.
[501] Vgl. IAS 16.41. i. V. m. Kümpel, T. (2004), S. 1230 und Dieter, C. (2008), S. 55.

4 Kritische Würdigung

4.1 Ermessensspielräume bei der Rückstellungsbilanzierung nach IAS 37

Eine zentrale Aufgabe der Rechnungslegung besteht darin, am Bilanzstichtag existierende Lasten und die damit verbundenen künftigen Ausgaben abzubilden. Dabei stellt es eine besondere Herausforderung dar, passivierungspflichtige Sachverhalte auch in Grenzfällen trennscharf zu identifizieren. Rückstellungen stellen regelmäßig einen solchen Grenzfall dar. Hier ist es auf Grund der unterschiedlichen Auffassungen über den Inhalt dieser Posten und auch dem Stellenwert verschiedener Rechnungslegungsgrundsätze besonders kritisch diese Abgrenzung zu treffen.[502] Aber auch die Entwicklung eines Bewertungskonzeptes, das die zahlreichen Unsicherheiten, mit denen Rückstellungen behaftet sind, adäquat berücksichtigt und zugleich den Ermessensspielraum begrenzt, ist besonders schwierig.

Nach den Zielen der internationalen Rechnungslegung[503] ist einerseits die *Relevanz* der Rechnungslegungsinformationen zu beachten. Diese stellt eine wesentliche Bedingung für die Entscheidungsnützlichkeit der Finanzinformationen dar.[504] Hierzu müssen komplexe Sachverhalte entsprechend ihrem wirtschaftlichen Gehalt abgebildet werden. Dies ist nur durch Regelungen, die eine vernünftige kaufmännische Beurteilung zulassen, möglich. Darüber hinaus muss dem Bilanzleser aus Gründen der Entscheidungsnützlichkeit ein Ausblick auf die künftigen Zahlungsströme des Unternehmens ermöglicht werden. Für diese Darstellung müssen Regelungen zwingend zukunftsgerichtet sein und sind daher ebenfalls ermessensabhängig.

Andererseits beeinträchtigen Ermessensspielräume bei nicht sachgerechter Ausübung die *Zuverlässigkeit* der Informationen in hohem Maße. Werden Jahresabschlussinformationen bewusst vom Management verzerrt, sind sie nicht glaubwürdig und können nicht als Grundlage für ökonomische Entscheidungen herangezogen werden. Darüber hinaus ist es nicht mehr möglich, die Rechnungslegungsinformationen im Zeitablauf sowie zwischen Unternehmen zu vergleichen.[505] Durch diese beiden Grundsätze, Zuverlässigkeit und Vergleichbarkeit, wird der Grundsatz der Relevanz eingeschränkt.[506] Ebenso verlangt der vierte Grundsatz, die *Ver-*

---

[502] Vgl. Euler, R./Engel-Ciric, D. (2004), S. 140.
[503] Vgl. zu den Zielen der internationalen Rechnungslegung Kapitel 2.1.1.
[504] Vgl. Coenenberg, A. (2006), S. 61.
[505] Vgl. Pellens, B./Fülbier, R. U./Gassen, J. (2008), S. 116 f.
[506] Vgl. Coenenberg, A. (2006), S. 61.

ständlichkeit, eine Normierung der Bilanzierungsvorschriften, denn nur so kann der fachkundige und interessierte Leser in die Lage versetzt werden, den Bilanzierungssachverhalt rasch zu verstehen. Das Problem der gegensätzlichen Zielsetzung von Entscheidungsnützlichkeit und einer verzerrungsfreien Informationsvermittlung wird besonders bei der Bilanzierung von Rückstellungen deutlich.

Die Ausführungen zu den Regelungen des IAS 37 in Kapitel 3 zeigen, dass explizit gewährte Wahlrechte in diesem Standard keine Rolle spielen. Wie so häufig in der internationalen Rechnungslegung liegt das Gewicht viel mehr auf Ermessensspielräumen. So muss beispielsweise für Bewertungszwecke geklärt werden, ob der Effekt aus der Abzinsung als wesentlich einzustufen ist oder ob genügend objektive substanzielle Hinweise für den Eintritt künftiger Ereignisse sprechen. Die genannten Ermessensspielräume dienen nicht zur Verbesserung der Relevanz. Einer generellen Abzinsungspflicht und einer eindeutigen Regelung zur Berücksichtigung künftiger Ereignisse, wie sie der Standardentwurf ED IAS 37 vorschlägt, spricht nichts entgegen. Wobei auch in diesem Fall noch Raum für ermessensabhängige Schätzungen bleiben würde.[507]

Hingegen sind die Schwierigkeiten, die beispielsweise die adäquate Berücksichtigung von zusätzlichen Risiken im Sinne von IAS 37.42 bereitet, auch durch Regelungslücken begründet. Bereits zur Beantwortung der Frage, inwieweit Risiken überhaupt zusätzlich (im Sinne einer risikoaversen Haltung) zu berücksichtigen sind, bestehen keine spezifischen Regelungen. Dies zumal dem Vorsichtsprinzip keine herausragende Bedeutung beigemessen wird und die Wirkung von Unsicherheiten und Risiken bereits bei der Wahl der Bewertungsmethode für die Ermittlung des best estimates berücksichtigt wird.[508] Auch die Vorgehensweise zur Bestimmung der Höhe eines Risikoabschlags auf den Diskontierungszinssatz oder des Risikozuschlags auf die künftigen Zahlungsmittelabflüsse wird der „sachverständigen Beurteilung" des Managements überlassen.

Indessen gibt es aber auch Regelungen, etwa die Voraussetzungen für das Bestehen faktischer Verpflichtungen, die trotz der Tatsache, dass sie relativ streng gefasst sind, nach derzeitiger und geplanter Ausgestaltung zu bilanzpolitischen Zwecken[509] missbraucht werden können. Dies wird in Kapitel 3.3.1.3 aufgezeigt. Dennoch ist die Möglichkeit, faktische Verpflichtungen zu passivieren, zur Erhöhung des true and fair views notwendig. Es liegt jedoch in der Natur dieser Verpflichtungen, dass sie nicht gänzlich objektiv zu beurteilen sind und es wird kaum gelingen bei solchen Sachverhalten bilanzpolitische Möglichkeiten auszuschließen.

---
[507] Vgl. kritisch hierzu Hommel, M. (2007), S. 324.
[508] Vgl. Hachmeister, D. (2006), S. 130.
[509] Vgl. ausführlich zur Bilanzpolitik Wagenhofer, A./Ewert, R. (2007), S. 237 ff.

Auch das Kriterium der Unentziehbarkeit scheint auf den ersten Blick, ungeachtet der Frage, ob es sich hier um ein adäquates Abgrenzungskriterium handelt, eindeutig zu sein. Dennoch gibt es Grenzfälle. So muss gemäß Beispiel 7 des ED ein Unternehmen eine Rückstellung zur Beseitigung von Asbest auf Grund einer gesetzlichen Vorschrift passivieren. Gleichwohl ist die Argumentation denkbar, dass das Unternehmen sich der Verpflichtung entziehen kann, indem es das entsprechende Gebäude weder renovieren noch abreißen lässt und daher keine Verpflichtung zu passivieren ist.[510]

Ein herausragendes Objektivierungsproblem, das die Vergleichbarkeit und Verlässlichkeit beeinträchtigt, besteht wohl bei der Beurteilung der Wahrscheinlichkeit künftiger Ereignisse, wie Kapitel 3.2 aufzeigt. Aber auch hier gilt: Trotz der Schwierigkeit, die die Schätzung von Wahrscheinlichkeiten, insbesondere bei Einzelverpflichtungen, mit sich bringt, ist sie letztlich unumgänglich für die Abbildung unsicherer, künftiger Ereignisse. Nur so lassen sich relevante und daher auch entscheidungsnützliche Finanzinformationen generieren, die die Vermögens-, Finanz- und Ertragslage sachgerecht darstellen. Wie zwischen den (formal gleichwertigen) Zielen Relevanz und Verlässlichkeit letztlich abgewogen wird, kann nicht anhand einer allgemeingültigen Theorie beurteilt werden; dies bleibt von den Wertmaßstäben des IASB abhängig.

4.2 Veränderte Bedeutung der Eintrittswahrscheinlichkeit

Durch das Liabilities-Projekt wurden zahlreiche Änderungen angestoßen. Unbestritten kommt dabei der Streichung des Wahrscheinlichkeitskriteriums im Rahmen der Ansatzkriterien die größte Bedeutung zu. Doch sind die Vorschläge hierzu so schlüssig wie vom IASB behauptet? Welche Probleme ergeben sich in der Umsetzung der Neuregelungen?

Die Begründung, die das IASB für diese Änderung angibt, scheint zunächst logisch. Die Feststellung, dass *gegenwärtige* Verpflichtungen unter dem Gesichtspunkt der Vollständigkeit angesetzt werden müssen, ist ebenso nachvollziehbar wie die Behauptung, dass bedingte Verpflichtungen dieser Ansatzvoraussetzung nicht entsprechen. Vordergründig bleibt der Gegensatz zu F.83, wo die Wahrscheinlichkeit des Nutzenzuflusses oder Nutzenabflusses als explizite Ansatzvoraussetzung gefordert wird.

Diesem Kritikpunkt entgegnet das IASB, Stand-ready-Verpflichtungen würden per se zu einem Ressourcenabfluss führen. Das Argument muss gleichwohl diffe-

---
[510] Vgl. ED IAS 37.IE Example 7 i. V. m. Kühne, M./Nerlich, C. (2005), S. 1843.

renziert betrachtet werden. Etwa im Fall von Garantieverpflichtungen, die durch das vergangene Ereignis „Abschluss eines Garantievertrages" begründet werden, ist die Argumentation des IASB einleuchtend. Die Gewährung einer Garantie ist in der Tat als Leistung, die einen Ressourcenabfluss nach sich zieht, anzusehen. Handelt es sich jedoch um eine Verpflichtung, deren Existenz unsicher ist, da noch nicht klar ist, ob ein verpflichtendes Ereignis überhaupt stattfand, ist diese Argumentation mithin schwierig. Dies lässt sich am Beispiel eines Prozesses illustrieren.[511] Ursprünglich nahm das IASB an, dass bereits der Beginn eines Prozesses das verpflichtende Ereignis darstellt. Hiervon kam das Board zu Recht ab, denn der Prozessbeginn begründet vielmehr ein Auszahlungspotenzial, also eine bedingte Verpflichtung, wobei das Bestehen eines verpflichtungsbegründeten Ereignisses, eines Rechtsverstoßes, erst noch geklärt werden muss.[512] Nun soll das gesetzeswidrige Verhalten an sich die Verpflichtung begründen. In Fällen, in denen sich das Unternehmen keiner Schuld bewusst ist, wird konsequenter Weise keine Verpflichtung angesetzt.[513] Wie wird jedoch in Fällen in denen das Unternehmen (ernsthaft) nicht weiß, ob ein Rechtsverstoß vorliegt, verfahren? Oder, wenn ein Rechtsverstoß zwar vorliegt, aber nicht mit einer Anklage zu rechnen ist? Hier bestünde nur die Möglichkeit eines Ressourcenabflusses, welcher allerdings nicht zu erwarten ist. Da die Definition von Schulden gemäß dem Framework beibehalten wird, muss ein Abfluss von Ressourcen erwartet werden. Daher besteht, sofern mit einer Anklage nicht zu rechnen ist, keine Verbindlichkeit. Die Schulddefinition behält ein implizites Wahrscheinlichkeitskriterium bei, nachdem der Ressourcenabfluss zumindest realistisch vorstellbar sein muss.[514] Demnach dürfte die rein theoretische Möglichkeit des Nutzenabflusses nicht ausreichen. Diese Fragestellungen zeigen, dass die Nachvollziehbarkeit der vorgeschlagenen Regelungen in Teilen schwierig bleibt.

Grundsätzlich ist die Übertragbarkeit der Logik von Gewährleistungsverpflichtungen, bei denen tatsächlich eine Leistung gewährt wird, auf Prozessfälle fragwürdig. Hier wird nämlich keine Dienstleistung i. e. S. erbracht. Die Unentziehbarkeit besteht lediglich in Bezug auf ein künftiges Ereignis.[515] Prinzipiell kann hinterfragt werden, ob das IASB auf einem „anderen Framework" aufbaut und eine grundlegend andere Ansatzkonzeption verfolgt. An dieser Stelle wäre eine konzeptionelle Diskussion im Vorfeld der Änderungsvorschläge wünschenswert gewesen.

---

[511] Vgl. Kapitel 3.3.2.2.
[512] Vgl. zu einer ähnlichen Argumentation Kühne, M./Schween, C. (2006), S. 176.
[513] Vgl. IASB (2006a), S. 7.
[514] Das IASB ist jedoch der Ansicht, dass der Begriff „expected to" kein bestimmtes Maß an Sicherheit im Sinne eines „more-likely-than-not"-Kriteriums fordert. Vgl. IASB (2006c), S. 2.
[515] Vgl. zu dieser Kritik auch DRSC (2005), S. 2 i. V. m. Kühne, M./Schween, C. (2006), S. 176 und 178.

4.2 Veränderte Bedeutung der Eintrittswahrscheinlichkeit 97

Positiv an der Streichung des Wahrscheinlichkeitskriteriums ist, dass sich dadurch die Problemstellung, ob eine Verpflichtung als wahrscheinlich anzusehen ist, nicht mehr stellt. Dennoch kann auch das Konzept der Stand-ready-Verpflichtung an sich als unscharfe Ansatzvoraussetzung kritisiert werden.[516] So muss gemäß dem Willen des IASB im Fall einer Bürgschaft eine Rückstellung gebildet werden; im Fall von möglichen Kundenunfällen in einem Geschäft, für die der Geschäftsinhaber haftet, ist hingegen keine Stand-ready-Verpflichtung zu bilanzieren.[517] Ebenso dürfen künftige Gesetzesänderungen nicht berücksichtigt werden, obwohl man sich auch hier „bereit hält, diese zu befolgen".[518]

Auch in den comment letters, die beim IASB als Reaktion auf die Veröffentlichung des ED IAS 37 eingingen, spiegeln sich die Kritikpunkte wider. Hier wird die Streichung des Wahrscheinlichkeitskriteriums überwiegend abgelehnt.[519] Besonders auch die komplizierte Umsetzung der Trennung von bedingten und unbedingten Verpflichtungen in der Praxis wird darin zu bedenken gegeben.[520] Das IASB reagierte auf diese Kritik mit dem Beschluss, zahlreiche weitere Erklärungen und Anwendungshinweise zu verfassen, so auch zum Begriff der unbedingten Verpflichtungen.[521] Ob jegliche Bedenken hierdurch ausgeräumt werden können, ist jedoch nach Ansicht der Autorin nicht zu erwarten. Die EFRAG bemängelt darüber hinaus, dass das IASB keinerlei Untersuchungen über die Auswirkungen dieser Änderungen in der praktischen Anwendung durchführte.[522] Die Implementierung dieses Konzepts wird für Unternehmen mit zahlreichen Problemen verbunden sein, sowie einen hohen Aufwand mit sich bringen[523] und daher auch auf Prüferseite nicht willkommen sein.

Die Betrachtung der Eintrittswahrscheinlichkeiten fällt jedoch nicht weg. Auf der Bewertungsebene muss die Wahrscheinlichkeitsberücksichtigung nun im Rahmen der Ermittlung des Erwartungswertes nachgeholt werden. Durch die einheitliche Anwendung des Erwartungswertverfahrens wird die bisherige, nicht gänzlich begründbare Ungleichbehandlung verschiedener Arten von Verpflichtungen beendet. Die Frage, ob eine Verpflichtung überhaupt passivierbar ist, wird nun nicht mehr anhand meist subjektiver Wahrscheinlichkeiten entschieden. Auch wird nun die Wahrscheinlichkeit des Eintretens der möglichen Ressourcenabflüsse, die in den Erwartungswert einfließt, nicht nur bei der Bewertung von Sammelverpflich-

---

[516] Vgl. ED IAS 37.AV4; Andrejewski, K. C./Mielke, O. (2005), S. 584.
[517] Vgl. Kühne, M./Nerlich, C. (2005), S. 1843 f. i. V. m. IAS 37.IE5 und 16.
[518] Vgl. ED IAS 37.AV5.
[519] Vgl. stellvertretend IDW (2005), S. 7; DRSC (2005), S. 7; KPMG (2005), S. 7; PWC (2005), S. 7. Eine ausführliche Auswertung der comment letters zeigen Wielenberg, S./Blecher, C./Puchala, A. (2007), S. 457.
[520] Vgl. stellvertretend Deloitte (2005), S. 4; KPMG (2005), S. 2; Ernst & Young (2005), S. 2.
[521] Vgl. IASCF (2008a), S. 6.
[522] Vgl. EFRAG (2005), S. 2.
[523] Vgl. RWE (2005), S. 1.

tungen, sondern auch bei Einzelverpflichtungen berücksichtigt; die Trennung der Ansatz- und Bewertungsfrage wird quasi aufgehoben.[524] Folglich beseitigt der Standardentwurf konzeptionelle Schwächen des IAS 37. Unabhängig davon erfordert jedoch auch das Konzept der Bilanzierung von Stand-ready-Verpflichtungen eine Überarbeitung des Ansatzkonzepts.[525]

In vielen Fällen führt der Erwartungswert, wie in Kapitel 3.4.1.2 aufgezeigt, zu relevanteren Informationen, da auch andere mögliche Ergebnisse sowie die verschiedenen Wahrscheinlichkeiten in die Ermittlung einfließen. Bei dieser Begründung der Überarbeitungsvorschläge des IASB bleibt jedoch unberücksichtigt, dass der wahrscheinlichste Betrag auch derzeit nach IAS 37.40 an höhere oder niedrigere Beträge angepasst werden kann und somit zumindest andere mögliche Ergebnisse Berücksichtigung finden können. Ebenso kann dem Erwartungswert entgegengehalten werden, dass es sich um einen Mittelwert handelt, der selbst nur in seltenen Fällen eintreten wird.

Unbestritten ist der große Ermessensspielraum, welcher sich aus der Notwendigkeit der Ermittlung von Eintrittswahrscheinlichkeiten möglicher Ressourcenabflüsse ergibt. Bei Rückstellungen für Einzelrisiken ist die Bestimmung der Eintrittswahrscheinlichkeiten stark durch subjektive Schätzungen beeinflusst, da mathematisch-statistische Erfahrungswerte, wie bei Massenrisiken, nicht vorliegen. Hierdurch führt die Änderung zweifellos zu einer Verminderung der Verlässlichkeit. Diese Besorgnis wird auch in den Stellungnahmen zum Standardentwurf geäußert: So bemängeln sowohl das DRSC als auch die EFRAG, dass es kaum möglich ist verlässliche Informationen über Eintrittswahrscheinlichkeiten und zugehörige Cashflows zu erhalten.[526]

Trotz dieser Kritikpunkte kommt der Erwartungswert zweifelsohne dem „Erfüllungs-" oder „Übertragungswert" am Bilanzstichtag näher als der best estimate. Der Erwartungswert stellt eine konzeptionell gute Grundlage zur Abbildung des wirtschaftlichen Gehalts der Verpflichtungen dar, in den Unsicherheiten zwingend einfließen und dadurch abgebildet werden. Dabei behält der Standardentwurf die Regelung zur Berücksichtigung zusätzlicher Risiken im Sinne von Ergebnisvariabilität, also der Streuung der Ergebnisse, bei.[527] Dieser Risikozuschlag sollte jedoch bei Anwendung des Erwartungswertverfahrens tendenziell geringer ausfallen

---

[524] Vgl. zu diesem Kritikpunkt sowie der Ungleichbehandlung von Einzel- und Sammelverpflichtungen ausführlich Haaker, A. (2005a), S. 11 f. i. V. m. Schruff, L./Haaker, A. (2007), S. 546 f. und Haaker, A. (2005b), S. 54 f.
[525] Vgl. ED IAS 37.BC78.
[526] Vgl. DRSC(2005), S. 7 und EFRAG (2005), S. 7 f. i. V. m. Wielenberg, S./Blecher, C./Puchala, A. (2007), S. 458.
[527] Vgl. IAS 37.42 f. i. V. m. ED IAS 37.35 f.

als bei der Bewertung zum best estimate, da der Erwartungswert ein Mittelwert darstellt, in den die verschiedenen Ergebnisse bereits gewichtet eingehen.

Schließlich würde sich die geplante Veränderung der Bedeutung von Wahrscheinlichkeiten und damit die Veränderung des Ansatzkonzepts stark auf bilanzielle Kenngrößen auswirken. Durch eine vermehrte Bilanzierung von Rückstellungen nähme das Fremdkapital zu und die Eigenkapitalquote ab. Darüber hinaus sinkt durch den erhöhten Aufwand das EBIT. Diese Wertentwicklung würde sich in der Folge auch in wertorientierten Kenngrößen niederschlagen.[528]

4.3 Umsetzung der angestrebten Ziele durch das Liabilities-Projekt

Das Liabilities-Projekt des IASB verfolgt ehrgeizige Ziele. Werden diese konsequent umgesetzt? Wird die Relevanz und Verlässlichkeit der Finanzinformationen durch die Neuerungen tatsächlich verbessert?

Die Abbildung sämtlicher Auszahlungspotenziale erhöht grundsätzlich die *Relevanz* der Finanzinformationen. Auch die Übertragung der Logik der Unternehmensbewertung, bei der ebenfalls sämtliche Auszahlungspotenziale in Höhe des Erwartungswertes in die Kalkulation einbezogen werden, führt zu relevanteren Angaben. Bei (Stand-ready-)Verpflichtungen mit einer sehr geringen Eintrittswahrscheinlichkeit ist dennoch fraglich, ob man hier überhaupt von „Schulden" sprechen kann und die Informationen über diese Verpflichtungen zu einer erhöhten Entscheidungsnützlichkeit führen. Die Ausführungen zur veränderten Rolle der Wahrscheinlichkeitsberücksichtigung zeigen darüber hinaus, dass die *Verlässlichkeit* und *Vergleichbarkeit* der Finanzinformationen leidet. Es stellt in der Praxis eine enorme Herausforderung dar, sämtliche Auszahlungspotenziale zu identifizieren und zu bewerten. Hier eröffnen sich große Ermessensspielräume. Letztlich leidet auch die *Verständlichkeit* der Finanzinformationen, da es schwieriger wird Ansatz und Bewertung nachzuvollziehen.

Trotz der Verminderung von Ermessensspielräumen im Bereich der Behandlung künftiger Ereignisse, Erstattungsansprüche sowie der Abzinsung und damit verbunden der Erhöhung der Verlässlichkeit, bewirkt der ED insgesamt eine Verschiebung von der Verlässlichkeit in Richtung Relevanz. Hierin zeigt sich auch die Tendenz des IASB sich von einer rechenschaftsorientierten Rechnungslegung ab, hin zur Erstellung eines fair value-orientierten Prognoseberichts zu wenden.

---

[528] Vgl. ausführlich hierzu Erdmann, M.-K./Wünsch, M. /Meyer, U. (2006), S. 394.

Neben der Verbesserung der Anforderungen in Bezug auf den Ansatz und die Bewertung von Rückstellungen ist das zweite große Projektziel die Konvergenz mit US-GAAP. Eine Erhöhung der Konvergenz wird jedoch primär bei faktischen Verpflichtungen, belastenden Verträgen und Restrukturierungsrückstellungen verfolgt.[529] Aber auch das Konzept der Stand-ready-Verpflichtung und die Abkehr vom Kriterium der Mindestwahrscheinlichkeit sind den US-GAAP entlehnt.[530] Es ist zu erwarten, dass die Klärung offener Fragen hierzu in Abstimmung der beiden Standardsetter erfolgt.[531] Darüber hinaus wird bei der Bewertung durch die Verwendung des Erwartungswertes ein Schritt in Richtung fair value Bilanzierung von Verbindlichkeiten vorgenommen. Hiermit folgt das IASB dem Ziel des FASB. Das IASB betont jedoch, dass es sich bei dem vorgeschlagenen Wertansatz nicht um einen fair value handle; die Anpassung wurde vielmehr in Konsequenz der Bilanzierung von Stand-ready-Verpflichtungen notwendig.[532] Trotzdem verbleiben zahlreiche Unterschiede, wobei das Konvergenzbestreben bei den IFRS-Anwendern grundsätzlich große Zustimmung findet.[533] Es darf bei der Verfolgung des durchaus begrüßenswerten Ziels der Konvergenz nicht vergessen werden, dass Konvergenz nicht bedeutet, die Regelungen eines Standardsetters zu übernehmen. Vielmehr steht die Vereinheitlichung der beiden Rechnungslegungssysteme zur Entwicklung qualitativ hochwertiger Regelungen im Mittelpunkt und sollte konsequent verfolgt werden.

4.4 Konzept der erfolgsneutralen Aktivierung von Entsorgungs- und Wiederherstellungsverpflichtungen

Bilanztheorien sollen unabhängig von spezifischen Rechnungslegungsnormen Gestaltungsempfehlungen geben. Bezüglich der Bilanzierung von Entsorgungs- und Wiederherstellungsverpflichtungen werden die Unterschiede der zwei wichtigsten, angelsächsischen Bilanztheorien[534] besonders deutlich. Das IASB folgt mit seinen Regelungen zur erfolgsneutralen Passivierung einer Vollrückstellung keiner der beiden Auffassungen in Reinform. Dennoch erlaubt die vom IASB gewählte Möglichkeit der erfolgsneutralen Passivierung einen vollständigen Ausweis der Verpflichtungen und gleichzeitig einen periodengerechten Erfolgsausweis. Die Tatsa-

---

[529] Vgl. ED IAS 37.3 i. V. m. ED IAS 37.BC53.
[530] Vgl. ED IAS 37.BC25 und 44.
[531] Vgl. Hommel, M./Wich, S. (2007), S. 516.
[532] Vgl. ED IAS 37.BC77 f. i. V. m. Andrejewski, K. C./Mielke, O. (2005), S. 586.
[533] Vgl. stellvertretend SAP (2005), S. 1; Ernst & Young (2005), S. 1.
[534] Vgl. Kapitel 3.5.

4.4 Konzept der erfolgsneutralen Aktivierung von Entsorgungs- und Wiederherstellungsverpflichtungen

che, dass sich hierdurch der Bilanzansatz der Sachanlage, wie manche Kritiker meinen, verzerrt wird, ist unvermeidlich.

Darüber hinaus wird vielfach beanstandet,[535] die Aktivierung der Entsorgungs- und Wiederherstellungsaufwendungen würde zur Aktivierung nicht werthaltiger Teile führen. Dieser Kritik kann entgegengesetzt werden, dass die Entsorgungs- und Wiederherstellungsaufwendungen erforderlich sind, um den Vermögenswert in der vom Unternehmen beabsichtigten Weise zu nutzen und deshalb tatsächlich den Charakter von AK/HK haben. Auch wird eine Investition in eine Sachanlage nur getätigt, wenn die hieraus erwarteten Einzahlungen sämtliche Auszahlungen übersteigen.[536] Letztlich überwiegen die Vorteile dieser Methode. Daher muss dieser auf den ersten Blick als „Fremdkörper"[537] erscheinende Bestandteil der AK/HK in Kauf genommen werden.

Dennoch ist die Ausgestaltung der Regelungen zur erfolgsneutralen Aktivierung teilweise missverständlich. So formuliert IAS 16.16(c), dass eine Aktivierung der Verpflichtung als Bestandteil der AK/HK nur möglich ist, wenn das Unternehmen den Gegenstand „während einer gewissen Periode (..) zu anderen Zwecken als zur Herstellung von Vorräten benutzt hat"[538]. Im Fall des Kiesabbaus aus Kapitel 3.5 ergäbe sich folgende Sachlage: Wird die Oberfläche einer Kiesgrube abgetragen, um in derselben Periode bereits Kies abzubauen, also Vorräte zu produzieren, dürfte die Verpflichtung zur Wiederherstellung der Oberfläche nicht als Teil des Grundstücks aktiviert werden.[539] Dies entspräche inhaltlich jedoch nicht dem, was das IASB mit dieser Regelung beabsichtigt.[540] Klaholz schlägt daher treffend vor, die Abgrenzung zwischen aktivierungspflichtigen Aufwendungen und solchen, die als Bestandteil der AK/HK von Vorräten behandelt werden, anhand der Frage „bezieht sich die in einer Periode eingegangene Verpflichtung *ausschließlich* auf die innerhalb dieser Periode hergestellten Vorräte?"[541] vorzunehmen.

Des Weiteren können sich weitere Probleme bei Einzelfragen ergeben. Ein Beispiel hierfür sind Entsorgungsverpflichtungen für Brennelemente, die in Kernkraftwerken eingesetzt werden. Diese Brennelemente werden als Teil des Vorratsvermögens aktiviert, da sie bei der Energieerzeugung verbraucht werden. Anschließend sind die Betreiberunternehmen verpflichtet, die abgebrannten Brennelemente zu entsorgen. Dabei kann sich das Unternehmen der Verpflichtung spä-

---

[535] Vgl. stellvertretend Rüdinger, A. (2004), S. 175 f.
[536] Vgl. Klaholz, T. (2005), S. 153 f. In Bezug auf eine Fair Value-Bilanzierung nach IAS 16 unter Einbezug der Verpflichtungen vgl. weiterführend Küting, K./Ranker, D. (2007), S. 196 f.
[537] Vgl. Kayser, M. (2002), S. 272.
[538] IAS 16.16(c).
[539] Beispiel in Anlehnung an Klaholz, T. (2005), S. 139 f.
[540] Vgl. IAS 16.BC15.
[541] Klaholz, T. (2005), S. 140.

testens ab der erstmaligen Bestrahlung eines Brennelements, welches über einen Zeitraum von vier Jahren abgebrannt wird, nicht mehr entziehen.[542] Die Entsorgungsverpflichtung bezieht sich folglich nicht nur auf die innerhalb der Periode hergestellten Produkte. In diesem Fall wäre nach der hier vertretenen Ansicht eine Aktivierung der Verpflichtung als Bestandteil der Anschaffungskosten der Vorräte, analog der Regelung des IAS 16.16(c), sachgerecht.[543] Auf ein solches Vorgehen weist im Vergleich der Geschäftsberichte der großen Energieversorger in Deutschland jedoch lediglich der Geschäftsbericht der Vattenfall Europe AG hin.[544] IAS 2 sieht eine solche Vorgehensweise nicht vor; ebenso kritisch ist, dass IAS 2 keine explizite Regelung zur Integration von Entsorgungs- und Wiederherstellungsverpflichtungen in die Herstellungskosten, entsprechend IAS 16.18, enthält.

Der lange Zeithorizont über den diese Verpflichtungen betrachtet werden, macht Änderungen der Parameter, die der Bewertung dieser Ausgaben zu Grunde gelegt wurden, sehr wahrscheinlich. Daher ist es zu begrüßen, dass mit IFRIC 1 mittlerweile konkrete Regelungen zu deren bilanzieller Abbildung vorliegen. Allerdings führt die Anwendung dieser Regelungen teils zu einer fragwürdigen Darstellung. Bei Anwendung des Anschaffungskostenmodells zieht beispielsweise eine Erhöhung der Rückstellung eine Erhöhung des Buchwertes der Sachanlage nach sich. In diesem Fall hat sich die ökonomische Situation verschlechtert; dies würde jedoch eine erfolgswirksame Anpassung besser widerspiegeln. Auch im umgekehrten Fall ist die bilanzielle Abbildung zu hinterfragen. Vermindern sich die künftigen Entsorgungs- oder Wiederherstellungsaufwendungen z.B. auf Grund des technologischen Fortschritts derart, dass die Reduktion die passivierte Rückstellung überschreitet, so wird der Buchwert der Sachanlage reduziert. Es wird kein Ertrag gebucht, solange der Restbuchwert der Sachanlage nicht „aufgebraucht" wurde. In diesem Fall verbessert sich die ökonomische Situation; die Verminderung des Buchwertes der Sachanlage hingegen suggeriert einen Wertverlust.[545] Letztlich ist der Buchwert durch diese Regelungen auch starken Schwankungen ausgesetzt, die entsprechender Interpretation bedürfen.

Hingegen wird bei Anwendung der Neubewertungsmethode eine Änderung des Rückstellungsbetrages im Grundsatz direkt in der Neubewertungsrücklage erfasst.

---

[542] Da die Brennelemente auf die Bauweise der jeweiligen Reaktoren angepasst sind und nicht ohne Weiteres weiterveräußert werden können, wäre nach Ansicht der Autorin auch die Argumentation, dass die Entsorgungsverpflichtung bereits bei Erwerb der Brennelemente entsteht, vertretbar.
[543] Für weitere Möglichkeiten der bilanziellen Abbildung dieser Sachverhalte vgl. Köhlmann, S. (2008), S. 102 ff. Dabei wird eine ähnliche Auffassung vertreten vgl. S. 108 f.
[544] Vgl. Vatttenfall Europe AG (2007), S. 68. Verglichen wurde EnBW AG (2007); E.ON AG (2007) und RWE AG (2007).
[545] Vgl. ähnlich auch Klaholz, T. (2005), S. 215 sowie Köhlmann, S. (2008), S. 130.

4.4 Konzept der erfolgsneutralen Aktivierung von Entsorgungs- und Wiederherstellungsverpflichtungen

Durch die Ausnahmen von diesem Grundsatz, die zwar sachlich begründet sind, wird die Anwendung schwierig und birgt einen hohen Aufwand. Da das Neubewertungsmodell jedoch in Deutschland grundsätzlich nicht angewandt wird und es auch bei Großanlagen wie Kernkraftwerken schwierig sein dürfte, einen fair value zu ermitteln,[546] spielen diese Regelungen, und damit auch deren Auswirkungen, in der Praxis keine Rolle.

---

[546] Vgl. Hoffmann, W.-D. (2008), Rdnr. 159.

5 Schlussbetrachtung

Die Bilanzierung und die Bewertung von Rückstellungen stehen sowohl in der Bilanztheorie als auch im Rahmen von Diskussionen wie kaum ein anderer Bilanzposten im Mittelpunkt des Interesses. Die mit diesen Sachverhalten verbundene Unsicherheit ist der Grund für vielfältige Schwierigkeiten. Dies gilt für die Entwicklung adäquater Bilanzierungsvorschriften und für deren Anwendung. Bei der Bilanzierung nach IAS 37 bestehen zahlreiche Ermessensspielräume. Diese Beurteilungsmöglichkeiten sind einerseits teilweise notwendig, um die komplexen Sachverhalte abzubilden und den Bilanzlesern entscheidungsnützliche Informationen zu bieten; andererseits laden sie zum Missbrauch ein und unterminieren die Verlässlichkeit und Vergleichbarkeit der Finanzinformationen.

Der vom IASB verabschiedete Bilanzierungsentwurf ED IAS 37 unternimmt zum Teil den Versuch, diese Ermessensspielräume zu verringern und eindeutige Regelungen, wie beispielsweise zur Abzinsung von Rückstellungen, zu verabschieden. Dies ist sehr zu begrüßen. Eine viel bedeutendere Änderung ist jedoch das völlig veränderte Grundverständnis der Bilanzierung ungewisser Verbindlichkeiten, das diesem Standardentwurf zu Grunde liegt. Die Streichung des Wahrscheinlichkeitskriteriums im Bereich des Ansatzes von Rückstellungen ist geradezu revolutionär. Dies widerspricht den Grundsätzen des Frameworks und ist Gegenstand vieler Diskussionen. Hierdurch wird zwar vielfältigen Auslegungsproblemen über den Begriff der „Wahrscheinlichkeit" ein Ende bereitet, andererseits tauchen neue Grundsatzfragen und überdies starke Bedenken bezüglich der Umsetzung der Änderungen auf. Darüber hinaus beinhaltet auch das neue Ansatzkonzept der Stand-ready-Verpflichtungen Unschärfen. Zuletzt würde unter dem Grundsatz „balance between benefit and cost" ein kaum vertretbar hoher Aufwand zur Identifizierung aller Auszahlungspotenziale und deren Bewertung entstehen. So führt der ED tendenziell zu relevanteren Informationen, jedoch leidet die Verlässlichkeit. Bei der Beurteilung dieser Sachverhalte muss bedacht werden, dass es sich hierbei nicht um nebensächliche Bilanzierungssachverhalte handelt, sondern jeden IFRS-Bilanzierer in hohem Maße betrifft.

Diesen hohen Stellenwert nehmen auch Entsorgungs- und Wiederherstellungsverpflichtungen ein. Ihre bilanzielle Behandlung wurde durch das Konzept der erfolgsneutralen Passivierung einer Vollrückstellung determiniert. Hierdurch wird sowohl der Forderung eines vollständigen Schuldenausweises wie auch einem periodengerechten Erfolgsausweis entsprochen. Letztendlich wird dieses Bilanzierungsproblem so eindeutig und geschickt gelöst. Auch IFRIC 1 trägt zu eindeutigen Regelungen in Bezug auf Bewertungsänderungen dieser Rückstellungen bei, führt jedoch teilweise zu einer nicht sachgerechten Darstellung. Bei der Bewertung von Entsorgungs- und Wiederherstellungsverpflichtungen treten häufig Probleme wegen der Langfristigkeit dieser Verpflichtungen auf. Aber auch die Tatsache, dass es sich oftmals um einmalige Verpflichtungen handelt, trägt zur Notwendigkeit vielfältiger Schätzungen bei. Hierdurch entstehen erhebliche Ermessensspielräume, deren Gebrauch sich auf Grund der zumeist hohen Beträge von Entsorgungs- und Wiederherstellungsverpflichtungen stark in der Bilanz niederschlägt und daher die Verständlichkeit und Verlässlichkeit reduziert. Da es sich bei Entsorgungs- und Wiederherstellungsverpflichtungen in der Regel um unbedingte Verpflichtungen handelt, sind diese von der Streichung des Wahrscheinlichkeitskriteriums nicht betroffen. Jedoch müssten alle Auszahlungspotenziale im Rahmen der Bewertung anhand des Erwartungswertes zwingend berücksichtigt werden, was zu einem hohen Aufwand und der Notwendigkeit schwieriger Schätzungen führt.

Auch künftig wird die Bilanzierung von Rückstellungen bzw. Liabilities einen großen Teil der Diskussionen in der internationalen Rechnungslegung nach IFRS bestimmen. Die Verabschiedung eines endgültigen überarbeiteten Standards IAS 37 wird voraussichtlich noch einige Zeit in Anspruch nehmen. Begründet durch die große Kritik am Standardentwurf ED IAS 37 ist auch ein re-exposure nicht auszuschließen, was den weiteren Projektverlauf stark hinauszögern würde. Es bleibt folglich abzuwarten, ob das IASB tatsächlich an der Streichung des Wahrscheinlichkeitskriteriums festhält, wie es in den vergangenen Diskussionen der Fall war. Dies würde bei weiten Teilen der IFRS-Anwender auf starke Ablehnung stoßen. Aber auch das Ergebnis eines erneuten Entwurfs und weiterer Diskussionsrunden wäre ungewiss. Sicher ist hingegen, dass Rückstellungen weiterhin ein großes Interesse zukommen wird.

Anhangsverzeichnis

Anhang 1: Entscheidungsbaum 108

Anhang 2: Wesentliche Regelungen des IAS 37 im Überblick 109

Anhang 3: Das Liabilities-Projekt im Überblick 112

Anhang 4: Wesentliche Änderungsvorschläge des Liabilities-Projekts 113

Anhang 5: Entscheidungsbaum zur Bilanzierung von Liabilities nach ED IAS 37 114

Anhang 6: Bewertung einer Einzelverpflichtung unter Berücksichtigung latenter Steuern 115

Anhang 7: Abgrenzung der aktivierungspflichtigen Rückbau- und Wiederherstellungsverpflichtungen 117

Anhang 8: Folgebewertung einer Entsorgungsverpflichtung unter Berücksichtigung latenter Steuern 118

Anhang 9: Erfassung von Bewertungsänderungen bei Anwendung des Neubewertungsmodells 121

Anhang 10: Folgebewertung einer Entsorgungsverpflichtung bei Anwendung des Neubewertungsmodells unter Berücksichtigung latenter Steuern 122

Anhang 1: Entscheidungsbaum

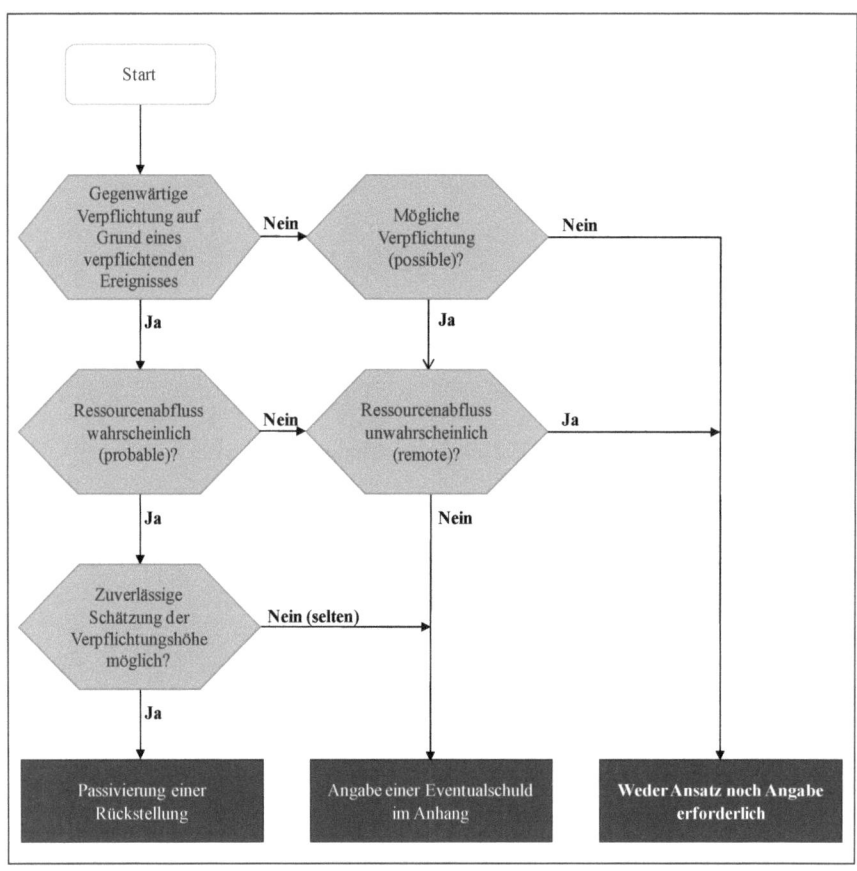

(IAS 37 Anhang B.)

Anhang 2: Wesentliche Regelungen des IAS 37 im Überblick

Regelungsbereich	Regelung nach IAS 37
Anwendungsbereich	• Rückstellungen • Eventualschulden • Eventualverbindlichkeiten Ausnahme: • Sachverhalt wird von einem anderen Standard geregelt
Definitionen	
Schuld	• gegenwärtige Verpflichtung • aus einem vergangenen Ereignis • bei Erfüllung wird Abfluss von Ressourcen mit wirtschaftlichem Nutzen erwartet
Rückstellung	• Schuld • Schuld ist mit Ungewissheit bezüglich Fälligkeit oder Höhe behaftet
Eventualschuld	• mögliche Verpflichtung, deren Existenz erst noch durch ein künftiges Ereignis bestätigt werden muss oder • gegenwärtige Verpflichtung, die nicht passiviert wird, da Ansatzkriterien nicht gegeben sind
Ansatzkriterien	
gegenwärtige Verpflichtung aus einem vergangenen Ereignis	• rechtliche oder faktische Verpflichtung • Verpflichtung gegenüber Dritten (Außenverpflichtung) • Bestehen einer gegenwärtige Verpflichtung • verpflichtendes Ereignis der Vergangenheit (Unentziehbarkeit)
Abfluss von Ressourcen mit wirtschaftlichem Nutzen ist wahrscheinlich	• Abfluss von Ressourcen ist „more likely than not" • > 50 %
verlässliche Schätzung der Verpflichtungshöhe ist möglich	• Bandbreite des möglichen künftigen Ressourcenabflusses ist bestimmbar • nur in sehr seltenen Fällen nicht möglich

Regelungsbereich	Regelung nach IAS 37
Erstbewertung	
Wertansatz	• bestmögliche Schätzung (best estimate) • entspricht dem Betrag, der zur Erfüllung der Verpflichtung oder Übertrag auf einen Dritten am Bilanzstichtag notwendig ist
Bewertungsbasis für bestmögliche Schätzung	• Einzelverpflichtung mit unterschiedlich wahrscheinlichen Werten: wahrscheinlichster Wert (Modalwert) • Einzelverpflichtung mit Bandbreite gleichwahrscheinlicher Werte: Mittelpunkt der Bandbreite (Median) • Anzahl ähnlicher Verpflichtungen mit unterschiedlich wahrscheinlichen Werten: Erwartungswert
Künftige Ereignisse	• Berücksichtigung bei ausreichend objektiven, substanziellen Hinweisen auf deren Eintritt • Berücksichtigung künftiger Preisänderungen bei objektiven Hinweisen
Abzinsung	• bei wesentlicher Wirkung des Zinseffekts • fristenkongruenter Marktzins vor Steuern
Erstattungsansprüche	• Berücksichtigung, sofern Erstattungen so gut wie sicher sind • Aktivierung als separater Vermögenswert
Veräußerungsgewinne	• keine Berücksichtigung
Folgebewertung	
Anpassung	• Überprüfung und ggf. Anpassung zu jedem Bilanzstichtag • Aufzinsung
Verbrauch	• nur für ursprünglich geplante Ausgaben • erfolgswirksame Auflösung, wenn Ausgaben nicht eintreten

Anhang

Regelungsbereich	Regelung nach IAS 37
Angaben[547]	
Rückstellungen	• Kriterien für Gruppenbildung und Angaben je Gruppe: - Art der Verpflichtung - erwartete Fälligkeit der Abflüsse wirtschaftlichen Nutzens - Unsicherheit über Betrag oder Fälligkeit der Abflüsse - wesentliche Annahmen über die Einschätzung künftiger Ereignisse - Höhe erwarteter Erstattungen • sog. Rückstellungsspiegel mit Angaben zu: - Buchwert zu Beginn und zum Ende der Periode - Zuführungen - Aufzinsung - Inanspruchnahme - Auflösung
Erläuterung zu Rückstellungen	• Annahmen, die bei Ermittlung geschätzter Rückstellungsbeträge unterstellt wurden:[548] - Entwicklung Marktpreise, Devisenkurse, Zinssätze - mögliche Prozessaussichten - Fortschreibung von Erfahrungswerten - Diskontierungsfaktoren - unsichere Fälligkeitszeitpunkte
Erläuterungen zu Eventualverbindlichkeiten	• Angaben für jede Gruppe von Eventualverbindlichkeiten (Kriterien für Gruppenbildung s.o.): - Schätzung der finanziellen Auswirkung bei fiktiver Passivierung - Unsicherheiten bzgl. Betrag und Fälligkeit - mögliche Erstattungen • entsteht aus demselben Sachverhalte eine Rückstellung und eine Eventualschuld, muss der Zusammenhang zwischen diesen beiden in den Angaben aufgezeigt werden
Ausnahmen	• Verzicht auf Angabe, wenn hierdurch Nachteil in einem Rechtsstreit entsteht (selten!) • Verzicht aus Praktikabilitätsgründen; diese Tatsache ist anzugeben

---

[547] Zusätzlich sind die Ausweis- und Angabepflichten nach IAS 1 zu beachten.
[548] Vgl. Gelhausen, H.-F./Pape, J./Schruff, W. (2007), Rdnr. 268.

Anhang 3: Das Liabilities-Projekt im Überblick

	Geschichte des Liabilities-Projekts
September 2002	Übernahme des Projekts auf die Agenda des IASB als Teil des shortterm convergence Projekts.
Juni 2005	ED of Proposed Amendments to IAS 37 Provisions, Contingent Liabilities, Contingent Assets und IAS 19 Employee Benefits wird gleichzeitig mit dem ED zu IFRS 3 und IAS 27 im Rahmen des Business Combinations Projekts veröffentlicht.
Oktober 2005	Bis zum Ende der Kommentierungsfrist gehen 123 Comment Letters beim IASB ein.
Februar 2006	Beschluss des IASB das Projekt als eigenständiges Projekt, getrennt vom Business Combinatons Projekt, weiterzuführen. Beginn der redeliberation phase.
November – Dezember 2006	Fünf round table discussions werden im Rahmen der redeliberation phase durchgeführt.
2007-2008	Das IASB diskutiert die vorgeschlagenen Änderungen vor dem Hintergrund der erhaltenen Kommentare zum veröffentlichten ED IAS 37 und der Diskussionen im Rahmen der round table meetings. Das Board hält an wesentlichen Eckpunkten fest und klärt Detailfragen.
Juni 2008	Das Board zieht die Möglichkeit eines re-exposures in Betracht.
2010 (geplant)	Voraussichtliche Veröffentlichung des endgültigen Standards IAS 37 amended (Stand: 2008).

Anhang 4: Wesentliche Änderungsvorschläge des Liabilities-Projekts

Änderungsbereich	Wesentliche Änderungsvorschläge
Anwendungsbereich	
	• sämtliche (nicht-finanzielle) Verbindlichkeiten Ausnahmen: • Sachverhalt wird von einem anderen Standard geregelt • schwebende Geschäfte
Definitionen	
(Nicht-finanzielle) Verbindlichkeit	• alle Verbindlichkeiten Ausnahme: • Verbindlichkeiten, die unter IAS 32 fallen
Rückstellung/ Eventualschuld	• Begriffe werden gestrichen
Ansatzkriterien	
Faktische Verpflichtung	• Verschärfung der Ansatzvoraussetzung: Dritte sollen sich nach vernünftigem Ermessen darauf verlassen können, dass das Unternehmen seiner Verpflichtung nachkommt
Wahrscheinlichkeit des Abflusses von Ressourcen mit wirtschaftlichem Nutzen	• Kriterium wird gestrichen • Ansatz von Stand-ready-Verpflichtungen
Bewertung	
Bewertungsbasis	• Betrag, der zur Erfüllung der Verpflichtung oder Übertragung auf einen Dritten am Bilanzstichtag notwendig ist • Begriff der bestmöglichen Schätzung wird gestrichen
Bewertungsbasis	• Erwartungswert
künftige Ereignisse	• grundsätzlich zu berücksichtigen
Abzinsung	• ungeachtet der Laufzeit notwendig
Erstattungsansprüche	• grundsätzlich zu berücksichtigen

Anhang 5: Entscheidungsbaum zur Bilanzierung von Liabilities nach ED IAS 37

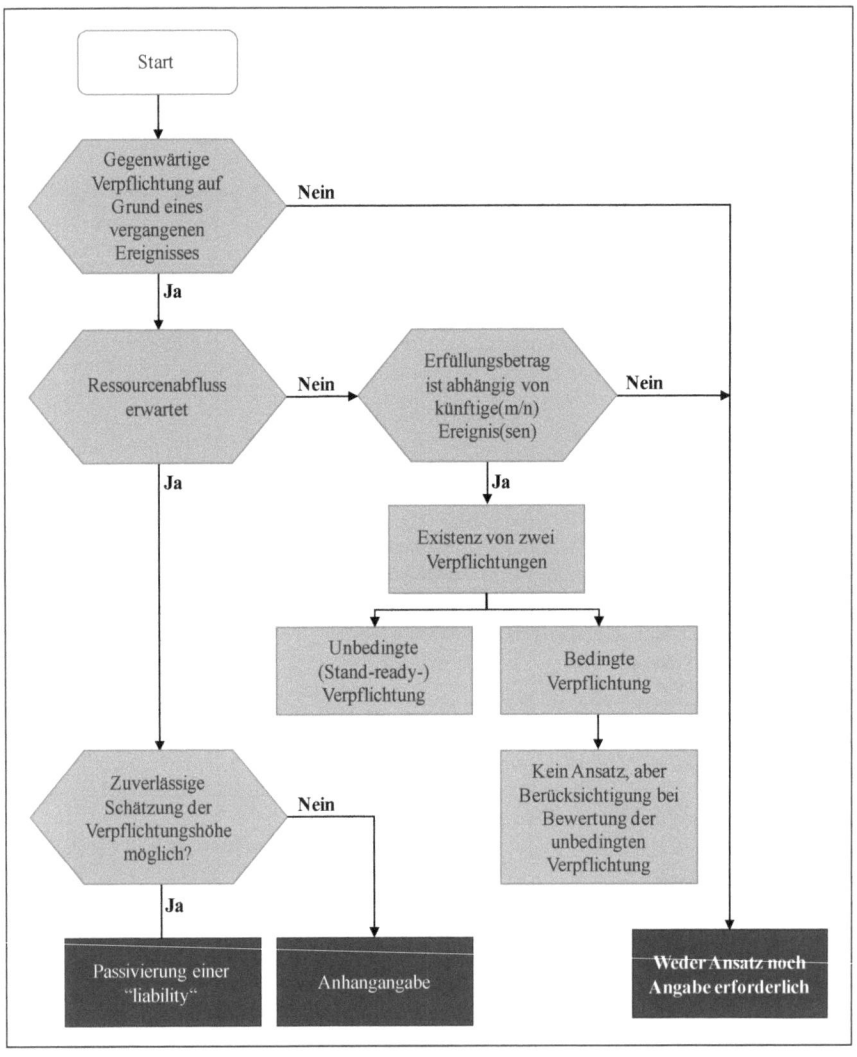

Anhang 6: Bewertung einer Einzelverpflichtung unter Berücksichtigung latenter Steuern

Ausgangsdaten: Prozessfall					
Szenario		Wahrscheinlichkeit von S	Höhe	Wahrscheinlichkeit von E	bedingte Wahrscheinlichkeit
S1:	Prozessniederlage	49,0 %	E1: 100 T€	70,0 %	34,3 %
			E2: 200 T€	30,0 %	14,7 %
S2:	Prozessgewinn	51,0 %	E3: 0 €		51,0 %

Grundlagen für den Steuerbilanzansatz	
Gesetzesgrundlage	§ 6 Nr. 3a EStG
Zinssatz nach EStG	5,5 %
Abzinsung	bei Laufzeit > 12 Monate
Steuerlicher Wertansatz	100 T€ Auf Grund des Vorsichtsprinzips im HGB und der Maßgeblichkeit der Handelsbilanz für die Steuerbilanz
Steuersatz	30 %

Latente Steuern bei Anwendung von IAS 37	
Rückstellungshöhe IFRS[549]	0 €
Rückstellungshöhe EStG	100,00 T€
Differenz zwischen IFRS und Steuerbilanz	100,00 T€
Passive latente Steuern	30,00 T€

---

[549] Zur Ermittlung der Rückstellungshöhe nach IFRS vgl. Kapitel 3.4.1.2.

Latente Steuern bei Anwendung von ED IAS 37			
Rückstellungshöhe IFRS	61,25 T€	EW =	0,49 × 0,7 × 100T€ + 0,49 × 0,3 × 200 T€ + 0,51 × 0 € = 63,7 T€
		Barwert = (i = 4 %)	63,7/1,04 = 61,25 T€ (Prozess wird in einem Jahr verhandelt)
Rückstellungshöhe EStG	100,00 T€		
Differenz zwischen IFRS und Steuerbilanz	38,75 T€		
Passive latente Steuern	**11,63 T€**		

Anhang 7: Abgrenzung der aktivierungspflichtigen Rückbau- und Wiederherstellungsverpflichtungen

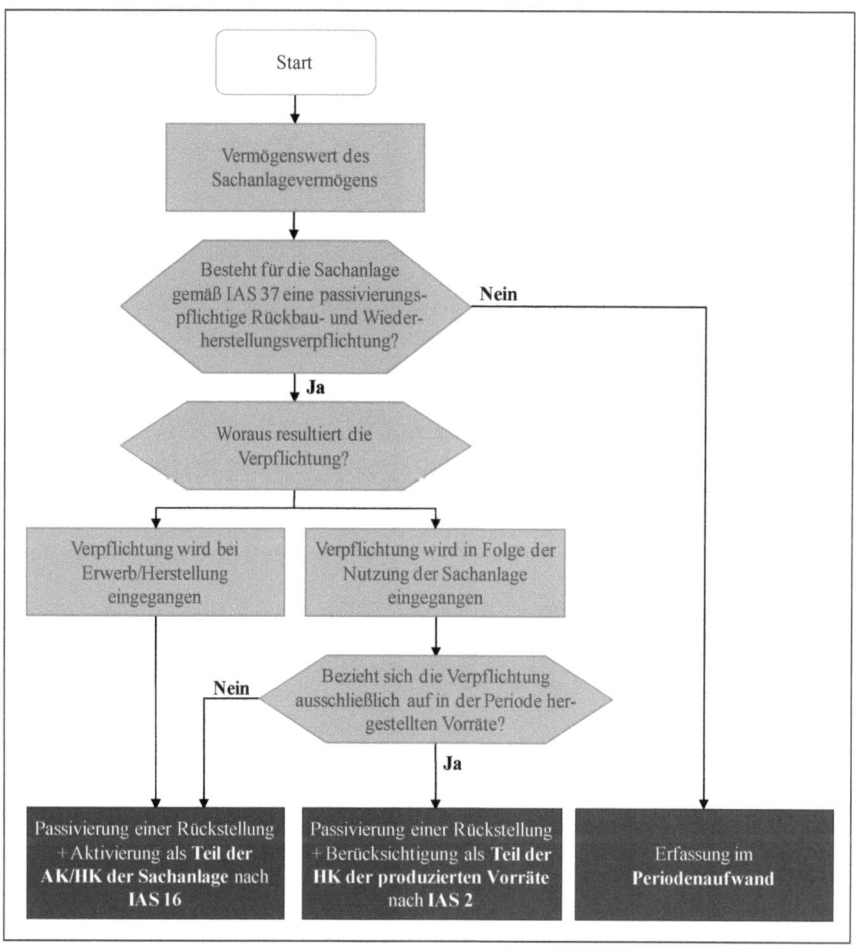

(In Anlehnung an Klaholz, T. (2005), S. 142.)

Anhang 8: Folgebewertung einer Entsorgungsverpflichtung unter Berücksichtigung latenter Steuern

Ausgangsdaten: Errichtung Kernkraftwerk	
AK/HK KKW Ende 2008	1 500 T€
Laufzeit	5 Jahre
erwarteter Zahlungsmittelabfluss für Stilllegung und Entsorgung	450 T€
Marktzinssatz	5,5 %

Grundlagen für den Steuerbilanzansatz	
Gesetzesgrundlage	§ 6 Nr. 3a EStG
Erfassung der Rückstellung für die Verpflichtung zur Stilllegung eines KKW nach EStG	Ansammlungsrückstellung über max. 25 Jahre nach § 6 Nr. 3a d) Satz 3 EStG
Zinssatz nach EStG	5,5 % nach § 6 Nr. 3a e) EStG
Steuersatz	30 %

Angaben in T€	2008	2009	2010	2011	2012	2013
Ansammlungsrückstellung gemäß EStG		90,00	90,00	90,00	90,00	90,00
Barwert der Ansammlung		72,65	76,65	80,86	85,31	90,00
Aufzinsung 09			4,00	4,22	4,45	4,69
Aufzinsung 10				4,22	4,45	4,69
Aufzinsung 11					4,45	4,69
Aufzinsung 12						4,69
Aufzinsung 13						
Rückstellung insgesamt gemäß EStG		72,65	153,30	242,60	341,26	450,00

Angaben in T€	2008	2009	2010	2011	2012	2013
Rückstellung IFRS (s. Kapitel 3.6.2.1)	344,31	363,25	383,23	404,31	426,55	450,00
Rückstellung EStG		72,65	153,30	242,60	341,26	450,00
Differenz	344,31	290,60	229,93	161,71	85,29	0
Aktive latente Steuern	103,29	87,18	68,98	48,51	25,59	0
KKW IFRS	1 844,31	1 475,44	1 106,58	737,72	368,86	0
KKW EStG	1 500,00	1 200,00	900,00	600,00	300,00	0
Differenz	344,31	275,44	206,58	137,72	68,86	0
Passive latente Steuern	103,29	82,63	61,97	41,32	20,66	0
Aktive latente Steuern (saldiert)[550]	0	4,55	7,01	7,19	4,93	0

---

[550] Saldierung nach IAS 12.74(b)(i) geboten, da es sich um dasselbe Steuersubjekt handelt.

Anhang 9: Erfassung von Bewertungsänderungen bei Anwendung des Neubewertungsmodells

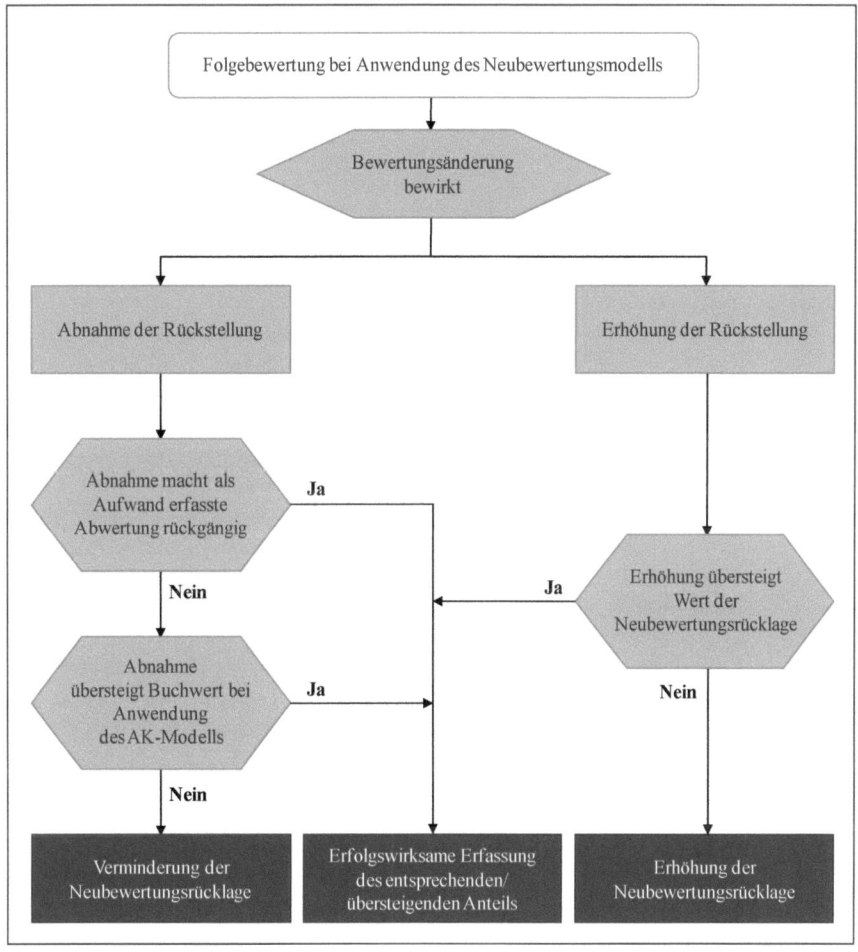

Anhang 10: Folgebewertung einer Entsorgungsverpflichtung bei Anwendung des Neubewertungsmodells unter Berücksichtigung latenter Steuern

Ausgangsdaten: Errichtung Kernkraftwerk	
AK/HK KKW Ende 2008	1 500 T€
Laufzeit	5 Jahre
erwarteter Zahlungsmittelabfluss für Stilllegung und Entsorgung	450 T€
Marktzinssatz	5,5 %
Bewertungsänderungen	**2009**: Neubewertung des KKW: auf 1 700 T€ (fair value inkl. Verpflichtung) **2010:** Rückstellung vermindert sich auf 300 T€ Neubewertung des KKW auf 1 200 T€ (fair value inkl. Verpflichtung) **2011** Zinssatz sinkt auf 4,5 %
Steuersatz	30 %

Nachfolgend wird zur Veranschaulichung *lediglich* die Auswirkung aus der Anwendung des Neubewertungsmodells zur *Folgebewertung des Kernkraftwerks* auf den Ansatz latenter Steuern dargestellt. Die Erfassung latenter Steuern in Bezug auf die Rückstellung und die Sachanlage illustriert Anhang 8. Zur Erläuterung der Erfassung der Bewertungsänderungen in diesem Beispiel vgl. Kapitel 3.6.2.2.

Angaben in T€	2008	2009	2010	2011	2012	2013
Rückstellung	344,31	363,25	255,48	274,72	287,08	300,00
Aufzinsung		18,94	19,98	14,05	12,36	12,92
Reduktion			127,75			
Zuführung				5,19		
KKW	1 844,31	1 700,00	1 200,00	800,00	400,00	0
Abschreibung		368,86	425,00	400,00	400,00	400,00
Wertminderung			75,00			
Zuführung		224,55				
Neubewertungsrücklage		157,19	193,14	166,15	144,35	0
Zuführung		157,19	127,75			
Verminderung			52,50 39,30	5,19 21,80	21,80	21,80 122,55
Gewinnrücklage			56,14	87,28	118,42	272,11
Zuführung			39,30 16,84	21,80 9,34	21,80 9,34	21,80 122,55 9,34
Passive latente Steuern		67,36	28,02	18,68	9,34	0
Zuführung		67,36				
Verminderung			16,84 22,50	9,34	9,34	9,34

- Die Neubewertung des KKW im **Jahr 2009** führt zu einer Zuschreibung um 224,55 T€. Hiervon fließen 157,19 T€ (224,55 × 0,7) in die Neubewertungsrücklage und 67,36 T€ (224,55 − 157,19) in die latenten Steuern.
- Die Abschreibungsdifferenz **2010** im Vergleich zur Höhe der Abschreibung bei Anwendung des Anschaffungskostenmodells von 56,14 T€ führt zu einer Auflösung der Neubewertungsrücklage in Höhe von 39,30 T€ (56,14 × 0,7) und ebenfalls zu einer entsprechenden Reduzierung der latenten Steuern von 16,84 T€ (56,14 × 0,3).
- Darüber hinaus veranlasst die Wertminderung von 75 T€ im Jahr **2010** eine Reduktion der Neubewertungsrücklage von 52,50 T€ (75 × 0,7) und eine Reduktion der latenten Steuern von 22,50 T€ (75 × 0,3).

- **2011, 2012** und **2013** besteht eine Abschreibungsdifferenz von 31,14 T€. Daher wird die Neubewertungsrücklage jeweils um 21,80 T€ (31,14 × 0,7) und zugleich die latenten Steuern um 9,34 T€ (31,14 × 0,3) reduziert. Zur Art und Weise der Auflösung der latenten Steuern besteht keine eindeutige Regelung. Neben der hier angewandten erfolgsneutralen Erfassung kommt grundsätzlich auch eine erfolgswirksame Erfassung in Frage.[551]
- Im **Jahr 2013** wird die restliche Neubewertungsrücklage von 122,55 T€ (144,35 – 21,8) aus Informationsgründen in die Gewinnrücklage eingebucht, da das KKW in diesem Jahr das Ende seiner Nutzungsdauer erreicht.

---

[551] Vgl. Lienau, A. (2006), S. 84.

Literaturverzeichnis

Andrejewski, Kai C./Mielke, Olaf (2005): Bilanzierung von „Non-Financial Liabilities" nach ED IAS 37. In: Der Konzern, 6. Jg., S. 581-591.

Baetge, Jörg u. a. (2007): Grundlagen der IFRS-Rechnungslegung. In: Baetge, Jörg u. a. (Hrsg.): Rechnungslegung nach IFRS. Kommentar auf der Grundlage des deutschen Bilanzrechts. Stuttgart.

Baetge, Jörg/Beermann, Thomas (1998): Die Bilanzierung von Vermögenswerten in der Bilanz nach International Accounting Standards und der dynamischen Bilanztheorie Schmalenbachs. In: Betriebswirtschaftliche Forschung und Praxis. 50. Jg., S. 159-168.

Baetge, Jörg/Kirsch, Hans-Jürgen/Thiele, Stefan (2007): Bilanzen. 9. Auflage, Düsseldorf.

Brücks, Michael/Duhr, Andreas (2006): Bilanzierung von Contingent Assets und Contingent Liabilities: Beispielhafte Würdigung der aktuellen Überlegungen von IASB und FASB. In: Kapitalmarktorientierte Rechnungslegung, 6. Jg., S. 243-251.

Coenenberg, Adolf (2005): Jahresabschluss und Jahresabschlussanalyse. Betriebswirtschaftliche, handelsrechtliche, steuerrechtliche und internationale Grundsätze – HGB, IFRS und US-GAAP. 20. Auflage, Stuttgart.

Daub, Sebastian (2000): Rückstellungen nach HGB, US GAAP und IAS. Baden-Baden.

Dieter, Christian (2008): Änderungen bestehender Rückstellungen für Entsorgungs-, Wiederherstellungs- und ähnliche Verpflichtungen. In: Kapitalmarktorientierte Rechnungslegung, 8. Jg., S. 50-56.

E.ON AG (Hrsg.) (2007): Geschäftsbericht 2007. Düsseldorf. URL: http://www.eon.com/de/downloads/EON_GB07_DE_Kap.9.pdf

Eibelshäuser, Manfred (1987): Rückstellungsbildung nach neuem Handelsrecht. Ein Beitrag zur Auslegung von § 249 Abs. 1 Satz 1 HGB. In: Betriebs-Berater, 42. Jg., S. 860-866.

EnBW AG (Hrsg.) (2007): Geschäftsbericht 2007. Karlsruhe. URL: http://www.enbw.com/content/de/investoren/_media/_pdf/gb_2007.pdf

Epstein, Barry J./Jermakowicz, Eva K. (2007). Wiley 2007. Interpretation and Application of International Financial Reporting Standards. 4. Auflage, New Jersey.

Erdmann, Mark-Ken/Wünsch, Martin/Meyer, Ulf (2006): Auswirkungen ausgewählter IFRS-Änderungen auf die Unternehmenssteuerung (Teil 2). In: Kapitalmarktorientierte Rechnungslegung, 6. Jg., S. 385-395.

Erdmann, Mark-Ken/Zülch, Henning/Palfner, Alexander (2007): Liabilities – Bilanzielle Auswirkungen des ED IAS 37. In: Kapitalmarktorientierte Rechnungslegung, 7. Jg., S. 445-452.

Ernst & Young (Hrsg.) (2008): International GAAP 2008. Generally Accepted Accounting Practice under International Financial Reporting Standards. West Sussex.

Ernsting, Ingo/Keitz, Isabel von (1998): Bilanzierung von Rückstellungen nach IAS 37 – Eine kritische Analyse des neuen Standards sowie ein Vergleich zu IAS 10. In: Der Betrieb, 51. Jg., S. 2477-2484.

Euler, Roland/Engel-Ciric, Dejan (2004): Rückstellungskriterien im Vergleich – HGB versus IFRS. In: Die Wirtschaftsprüfung, Sonderheft, 57. Jg., S. 139-154.

Fladt, Guido/Feige, Peter (2006): Die Änderungsvorschläge des IASB zu IAS 37 und IAS 19 – Analyse und kritische Würdigung. In: Die Wirtschaftsprüfung, 59. Jg., S. 274-281.

Förschle, Gerhart/Kroner, Matthias/Heddäus, Birgit (1999): Ungewisse Verpflichtungen nach IAS 37 im Vergleich zum HGB. In: Die Wirtschaftsprüfung, 52. Jg., S. 41-54.

Förschle, Gerhart/Scheffels, Rolf (1993): Die Bilanzierung von Umweltschutzmaßnahmen aus bilanztheoretischer Sicht. In: Der Betrieb, 46. Jg., S. 1197-1203.

Freiberg, Jens/Lüdenbach, Norbert (2007): Die risiko- und laufzeitäquivalente Diskontierung von sonstigen Rückstellungen nach IAS 37. In: Praxis der internationalen Rechnungslegung, 3. Jg., S. 329-338.

Führich, Gregor (2006): Theorie und Praxis der Rückstellungsbildung für die Entsorgung von Brennelementen nach deutschem Bilanzrecht (Teil 1). In: Die Wirtschaftsprüfung, 59. Jg., S. 1271-1278.

Gehlausen, Hans-Friedrich/Pape, Jochen/Schruff, Wieland (2007): Abschnitt 18: Rückstellungen, Eventualschulden und Eventualvermögenswerte (Provisions, Contingent Liabilities and Contingent Assets). In: Adler, Hans/Düring, Walter/Schmaltz, Kurt (Hrsg.): Rechnungslegung nach Internationalen Standards. Kommentar. Stuttgart.

Haaker, Andreas (2005a): Das Wahrscheinlichkeitsproblem bei der Rückstellungsbilanzierung nach IAS 37 und IFRS 3. In: Kapitalmarktorientierte Rechnungslegung, 5. Jg., S. 8-15.

Haaker, Andreas (2005b): Änderung der Wahrscheinlichkeitsberücksichtigung bei der Rückstellungsbilanzierung nach ED IAS 37 – Eine Verbesserung in Bezug auf den Informationszweck? In: Praxis der Internationalen Rechnungslegung, 1. Jg., S. 51-56.

Hachmeister, Dirk (2006): Verbindlichkeiten nach IFRS. Bilanzierung von kurz- und langfristigen Verbindlichkeiten, Rückstellungen und Eventualschulden. München.

Hachmeister, Dirk/Zeyer, Fedor (2008): IAS 37 Rückstellungen, Eventualschulden und Eventualforderungen. In: Thiele, Stefan/Keitz, Isabel von/ Brücks, Michael (Hrsg.): Internationales Bilanzrecht. Rechnungslegung nach IFRS. Kommentar. Bonn, Berlin.

Hagemeister, Diana (2004): Bilanzierung von Sachanlagevermögen nach dem Komponentenansatz des IAS 16. Düsseldorf.

Haller, Axel (1993): Die Grundlagen der externen Rechungslegung in den USA. 3. Auflage, Stuttgart.

Hayn, Sven (2008): Kurzfristige Schulden, Rückstellungen, Erfolgsunsicherheiten und Ereignisse nach dem Bilanzstichtag. In: Ballwieser, Wolfgang u.a. (Hrsg.): Wiley Kommentar zur internationalen Rechnungslegung nach IFRS 2008. 4. Auflage, Weinheim, S. 609-657.

Hayn, Sven/Pilhofer, Jochen (1998a): Die neuen Rückstellungsregeln des IASC im Vergleich zu den korrespondierenden Regeln der US-GAAP (Teil I). In: Deutsches Steuerrecht, 36. Jg., S. 1728-1732.

Hayn, Sven/Pilhofer, Jochen (1998b): Die neuen Rückstellungsregeln des IASC im Vergleich zu den korrespondierenden Regeln der US-GAAP (Teil II). In: Deutsches Steuerrecht, 36. Jg., S. 1767-1772.

Hebestreit, Gernot/Dörges, Claudia E. (2006): § 13 Rückstellungen. In: Beck'sches IFRS-Handbuch. Kommentierung der IFRS/IAS. 2. Auflage, München, S. 349-403.

Heinen, Edmund (1986): Handelsbilanzen. 12. Auflage. Wiesbaden.

Literaturverzeichnis 129

Heuser, Paul J./Theile, Carsten/Pawelzik, Kai U. (2007): IFRS Handbuch. Einzel- und Konzernabschluss. 3. Auflage, Köln.

Hoffmann, Wolf-Dieter (2006): § 21 Rückstellungen, Verbindlichkeiten. In: Lüdenbach, Norbert/Hoffmann, Wolf-Dieter (Hrsg.): Haufe IFRS-Kommentar. 4. Auflage, Freiburg, S. 799-876.

Hoffmann, Wolf-Dieter (2008): § 21 Rückstellungen, Verbindlichkeiten. In: Lüdenbach, Norbert/Hoffmann, Wolf-Dieter (Hrsg.): Haufe IFRS-Kommentar. 6. Auflage, Freiburg, S. 946-1048.

Hommel, Michael (2007): Rückstellungsbewertung im Spannungsverhältnis von Management-Approach und Fair-Value-Aproach. In: Praxis der Internationalen Rechnungslegung, 3. Jg., S. 322-329.

Hommel, Michael/Wich, Stefan (2004): Die Bilanzierung von Entfernungsverpflichtungen gemäß HGB und SFAS 143 in der kritischen Betrachtung. In: Kapitalmarktorientierte Rechnungslegung, 4. Jg., S. 16-28.

Hommel, Michael/Wich, Stefan (2007): Neues zur Entwicklung der Rückstellungsbilanzierung nach IFRS. In: Die Wirtschaftsprüfung, 60. Jg., S. 509-516.

IASB (Hrsg.) (2006a): IAS 37 Round-table Discussions: Background materials. London. URL: http://www.iasb.org/NR/rdonlyres/D874E615-9F32-4119-A2 3A-2026F017F8A4/0/IAS37roundtablesbackgroundmaterials.pdf

IASB (Hrsg.) (2006b): IAS 37 Round-table Discussions: Summary of outcomes. London. URL: http://www.iasb.org/NR/rdonlyres/B364DFB6-DB77-4183-8C3E-0550C1FCF2FE/0/SummaryofoutcomesFINAL.pdf

IASB (Hrsg.) (2006c): Agenda Paper 10B. Amendments to IAS 37: The meaning of the phrase "expected to" in the definition of a liability. London. URL: http://www.iasb.org/NR/rdonlyres/D270793F-916C-44DB-8E3E-7152E3767 958/0/ObNotes_IAS37_0605ob10b.pdf

IASB (Hrsg.) (2006d): Agenda Paper 3. Reconsidering the probability recognition criterion. London. URL: http://www.iasb.org/NR/rdonlyres/1B80C7BC-1452-4AAE-BAF8-A6B11334558D/0/ObNotes_IAS37_0606ob03a.pdf

IASB (Hrsg.) (2006e): Agenda Paper 8. Does the proposed measurement principle permit choice? London. URL: http://www.iasb.org/NR/rdonlyres/777D0A9A-E3C2-4AD5-BCA3-C115B4FBC90B/0/IAS370610ob08.pdf

IASB (Hrsg.) (2007a): Agenda Paper 3B. IAS 37 Redeliberations: Distinguishing between a liability and a business risk. London. URL: http://www.iasb.org/NR/rdonlyres/ECAAA189-236C-477F-91C1-15A4A72F0192/0/Agendapaper3BIAS37redeliberationsDistinguishingbetweenaliabilityandabusinessrisk.pdf

IASB (Hrsg.) (2007b): Agenda Paper 8. Constructive obligations. London. URL: http://www.iasb.org/NR/rdonlyres/2C2B1D55-5A32-47B2-B2A8-0B636E5B6DE5/0/IAS370705b08obs.pdf

IASB (Hrsg.) (2007c): Agenda Paper 10C. IAS 37 Redeliberations: constructive obligations. London. URL: http://www.iasb.org/NR/rdonlyres/9C1B3B53-4AB4-423C-B2E7-A384B69295AF/0/IAS370707b10cobs.pdf

IASB (Hrsg.) (2007d): Agenda Paper 10B. IAS 37 Redeliberations: uncertainty about the existence of a present obligation. London. URL: http://www.iasb.org/NR/rdonlyres/C9E4D6F0-EF14-4F0D-8FCB-02D50D8B0519/0/IAS370707b10bobs.pdf

IASB (Hrsg.) (2008): Agenda Paper 4. Measurement Guidance. London. URL: http://www.iasb.org/NR/rdonlyres/CC5B3F7B-5115-489C-9997-3E13BFDCDF56/0/IAS370804b4obs.pdf

IASCF (Hrsg.) (2006a): IASB Update February 2006. London. URL: http://www.iasb.org/NR/rdonlyres/F7FAC952-EE56-4553-AF73-872DB80F5AFE/0/feb06.pdf

IASCF (Hrsg.) (2006b): IASB Update March 2006. London. URL: http://www.iasb.org/NR/rdonlyres/E6A28BC4-3E39-4598-BA75-9FDF29FCF33B/0/mar06.pdf

IASCF (Hrsg.) (2006c): IASB Update May 2006. London. URL: http://www.iasb.org/NR/rdonlyres/F637B0FC-CBC4-4BB0-BB36-BA099349B7E3/0/may06.pdf

IASCF (Hrsg.) (2006d): IASB Update June 2006. London. URL: http://www.iasb.org/NR/rdonlyres/469EC326-A916-4FBB-A63D-2DFEDBF70247/0/june06.pdf

IASCF (Hrsg.) (2006e): IASB Update September 2006. London. URL: http://www.iasb.org/NR/rdonlyres/D73987E2-757D-4C37-B5BF-79C3EAC87BB4/0/sep06.pdf

IASCF (Hrsg.) (2007a): IASB Update March 2007. London. URL: http://www.iasb.org/NR/rdonlyres/58BF2A4E-B650-423D-BA13-29D2EB1DE05B/0/Upd0703.pdf

IASCF (Hrsg.) (2007b): IASB Update May 2007. London. URL: http://www.iasb.org/NR/rdonlyres/BA7CEE51-FC2D-4CE8-8D55-8E8BE8B29EA9/0/Upd0705.pdf

IASCF (Hrsg.) (2007c): IASB Update June 2007. London. URL: http://www.iasb.org/NR/rdonlyres/66796013-B247-47F1-9BD2-13BFFFB22804/0/Upd0706.pdf

IASCF (Hrsg.) (2007d): IASB Update December 2007. London. URL: http://www.iasb.org/NR/rdonlyres/EB87B9C7-AAF1-4107-8E13-125FA5615394/0/Upd0712.pdf

IASCF (Hrsg.) (2008a): Project Report June 2008. Liabilities – Amendments to IAS 37 Provisions, Contingent Liabilities and Contingent Assets and IAS 19 Employee Benefits. London. URL: http://www.iasb.org/NR/rdonlyres/B2EE99F3-C48E-40A1-8827-5137C92C0EF4/0/LiabIAS37projectJune08.pdf

IASCF (Hrsg.) (2008b): IASB Update February 2008. London. URL: http://www.iasb.org/NR/rdonlyres/3A5E90CA-E9D5-418A-84E7-22C093FFA524/0/IASBUpdate0208.pdf

IASCF (URL): Comment Letters. http://www.iasb.org/Current+Projects/IASB+Projects/Liabilities/Exposure+Draft+of+Proposed+Amendments+to+IAS+37+Provisions+Contingent+Liabilities+and+Contingent+Ass/Comment+Letters/Comment+Letters.htm (11.06.2008).

Kayser, Marc (2002): Ansatz und Bewertung von Rückstellungen nach HGB, US-GAAP und IAS. Aachen.

Keitz, Isabel von (2005): Praxis der IASB-Rechnungslegung. Best practice von 100 IFRS-Anwendern. 2. Auflage, Stuttgart.

Keitz, Isabel von u.a. (2007): IAS 37. Rückstellungen, Eventualschulden und Eventualforderungen. In: Baetge, Jörg u.a. (Hrsg.): Rechnungslegung nach IFRS. Kommentar auf der Grundlage des deutschen Bilanzrechts. Stuttgart.

Klaholz, Thomas (2005): Rückbau- und Wiederherstellungsverpflichtungen im IFRS-Abschluss. Düsseldorf.

Kleinmanns, Hermann (2005): Rückstellungsbilanzierung gem. IAS 37 – Darstellung, Unterschiede zum HGB und künftige Entwicklungen. In: Steuer- und Bilanzpraxis, 7. Jg., S. 204-212.

Köhlmann, Sarah (2008): Die Abbildung von nuklearen Entsorgungsverpflichtungen in IFRS-Abschlüssen. Eine Analyse der Bilanzierung, Offenlegung und Prüfung. Wiesbaden.

KPMG (2007): Insights to IFRS. KPMG's practical guide to International Financial Reporting Standards. 4. Auflage, Suffolk.

KPMG Deutsche Treuhand-Gesellschaft AG (Hrsg.) (2007): International Financial Reporting Standards. Einführung in die Rechnungslegung nach den Grundsätzen des IASB. 4. Auflage, Stuttgart.

Krugman, Paul/Wells, Robin (2006): Economics. New York.

Kühne, Mareike/Nerlich, Christoph (2005): Vorschläge für eine geänderte Rückstellungsbilanzierung nach IAS 37: Darstellung und kritische Würdigung. In: Betriebs-Berater, 60. Jg., S. 1839-1844.

Kühne, Mareike/Schween, Carsten (2006): Konzeptionelle Basis der Rückstellungsbilanzierung: Verbesserung durch Bilanzierung von „Stand ready"-Verpflichtungen? – Kritische Würdigung ausgewählter Aspekte des aktuellen Entwurfs zur Änderung von IAS 37. In: Kapitalmarktorientierte Rechnungslegung, 6. Jg., S. 171-178.

Kümpel, Thomas (2004): Bilanzielle Behandlung von Entsorgungs-, Rekultivierungs- und ähnlichen Verpflichtungen im IFRS-Regelwerk. In: Deutsches Steuerrecht, 42. Jg., S. 1227-1232.

Kümpel, Thomas (2007): Entsorgungsverpflichtungen im IFRS-Abschluss. Auf dem Weg zum full-fair-value-accounting. In: Accounting, 7. Jg, Nr. 6., S.6-9.

Küting, Karlheinz/Ranker, Daniel (2007): Behandlung von Anschaffungskostenbestandteilen gem. IAS 16.16 lit. c in der Fair Value-Bewertung. In: Kapitalmarktorientierte Rechnungslegung, 7. Jg., S. 193-199.

Küting, Kalrheinz/Wohlgemuth, Frank (2006): Implikationen der angedachten Änderungen der Rückstellungsbilanzierung nach ED IAS 37 für die Bilanzanalyse. In: Deutsches Steuerrecht, 44. Jg., S. 2327-2331.

Lienau, Achim (2006): Bilanzierung latenter Steuern im Konzernabschluss nach IFRS. Düsseldorf.

Lüdenbach, Norbert (2003): Rückbauverpflichtungen nach internationaler Rechnungslegung und deutschem Bilanzrecht: Praktische Unterschiede und kritischer Rechtsvergleich. In: Betriebs-Berater, 58. Jg., S. 835-840.

Lüdenbach, Norbert/Hoffmann, Wolf-Dieter (2003): Imparitätische Wahrscheinlichkeit – Zukunftswerte im IAS-Regelwerk. In: Kapitalmarktorientierte Rechnungslegung, 3. Jg., S. 5-14.

Lüdenbach, Norbert/Hoffmann, Wolf-Dieter (2005): Faktische Verpflichtungen und (verdeckte) Aufwandsrückstellungen nach IFRS und HGB/EStG. In: Betriebs-Berater, 60. Jg, S. 2344-2349.

Marx, Franz Jürgen/Köhlmann, Sarah (2005): Bilanzierung von Entsorgungsverpflichtungen nach HGB und IFRS. Grundlagen, empirische Bedeutung und bilanzielle Abbildungslösungen. In: Steuer- und Bilanzpraxis, 7. Jg., S. 653-659.

Moxter, Adolf (1995): Erwiderung zur Stellungnahme von Theodor Siegel. In: Schmalenbachs Zeitschrift für betriebswirtschaftliche Forschung. 47. Jg., S. 1144.

Moxter, Adolf (1984): Bilanzlehre. Band I, Einführung in die Bilanztheorie. 3. Auflage, Wiesbaden.

Moxter, Adolf (1999): Rückstellungen nach IAS: Abweichungen vom geltenden deutschen Bilanzrecht. In: Betriebs-Berater, 54. Jg., S. 519-525.

Moxter, Adolf (2003): Grundsätze ordnungsgemäßer Rechnungslegung. Düsseldorf.

Moxter, Adolf (2004): Neue Ansatzkriterien für Verbindlichkeitsrückstellungen? (Teil I). In: Deutsches Steuerrecht, 42. Jg., S. 1057-1060.

Moxter, Adolf (2007): Bilanzrechtsprechung. 6. Auflage, Tübingen.

Naumann, Klaus-Peter (1991): Rechtliches Entstehen und wirtschaftliche Verursachung als Voraussetzung der Rückstellungsbilanzierung – Zugleich eine Untersuchung zur Ansammlung von Rückstellungen. In: Die Wirtschaftsprüfung, 44. Jg., S. 529-536.

Oberbrinkmann, Frank (1990): Statische und dynamische Interpretation der Handelsbilanz. Düsseldorf.

Paton, William A./Littelton, Ananias C. (1986): An Introduction to Corporate Accounting Standards. 18. Auflage, Michigan, Illinois.

Pellens, Bernhard/Fülbier, Rolf Uwe/Gassen, Joachim (2008): Internationale Rechnungslegung. 7. Auflage, Stuttgart.

Peschke, Lyubka (2005): Die Behandlung von Rückstellungen und Verbindlichkeiten nach IAS/IFRS und HGB. Bremen.

Pisoke, Marc (2004): Ungewisse Verbindlichkeiten in der internationalen Rechnungslegung. Zur zweckadäquaten Passivierung und Bewertung. Wiesbaden.

PwC (Hrsg.) (2007): Provisions and contingencies. In: PwC (Hrsg.): Manual of Accounting – IFRS for the UK. The comprehensive guide for UK users of IFRS – 2007. London, S. 21001–21097.

Rees, Henry (2006): The IASB's Proposed Amendments to IAS 37. In: Accounting in Europe, Vol. 3, Vol. 27-34.

Reinhart, Alexander (1998): Rückstellungen, Contingent Liabilities sowie Contingent Assets nach der neuen Richtlinie IAS 37. In: Betriebs-Berater, 53. Jg., S. 2514-2520.

Rieger, Wilhelm (1936): Schmalenbachs dynamische Bilanz. Stuttgart.

Rothoeft, Daniel D. (2004): Rückstellungen nach § 249 HGB und ihre Entsprechungen in den US-GAAP und IAS. Tübingen.

Rüdinger, Andreas (2004): Regelungsschärfe bei Rückstellungen. Normenkonkretisierung und Anwendungsermessen nach GOB, IAS/IFRS und US-GAAP. Wiesbaden.

RWE AG (Hrsg.) (2007): Geschäftsbericht 2007. Essen. URL: http://www.rwe.com/generator.aspx/investor-relations/finanzberichte/2008/language=de/id=6 11432/de-geschaeftsbericht2007-download-extlink.html

Schmidtbauer, Rainer (2000): Bilanzierung umweltschutzbedingter Aufwendungen im Handels- und Steuerrecht sowie nach IAS. In: Betriebs-Berater, 55. Jg., S. 1130-1137.

Schrimpf-Dörges, Claudia E. (2007): Umweltschutzverpflichtungen in der Rechnungslegung nach HGB und IFRS. Abbildung unter besonderer Berücksichtigung von Anpassungs-, Altlastensanierungs- und Rekultivierungsverpflichtungen. Wiesbaden.

Schruff, Lothar/Haaker, Andreas (2007): Zur zweckadäquaten Berücksichtigung von Wahrscheinlichkeiten im Rahmen der Rückstellungsbilanzierung nach IFRS. In: Kirsch, Hans-Jürgen/Thiele, Stefan (Hrsg.): Rechnungslegung und Wirtschaftsprüfung: Festschrift zum 70. Geburtstag von Jörg Baetge. Düsseldorf.

Schween, Carsten (2007): Bewertung von Rückstellungen und sonstigen nichtfinanziellen Verpflichtungen: Änderungsvorschläge in ED IAS 37amend. In: Die Wirtschaftsprüfung, 60. Jg., S. 686-696.

Siegel, Theodor (1995): Rückstellungen und die Risikoverteilungswirkung des Jahresabschlusses. Bemerkungen zu „Rückstellungskriterien im Streit" von Adolf Moxter. In: Schmalenbachs Zeitschrift für betriebswirtschaftliche Forschung. 47. Jg., S. 1141-1143.

Sprouse, Robert T. (1962): A Tentative Set of Broad Accounting Principles for Business Enterprises. In: American Institute of Certified Public Accountants (Hrsg.): Accounting Research Study No. 3. New York.

Sprouse, Robert T. (1971): The Balance Sheet – Embodiment of the Most Fundamental Elements of Accounting Theory. In: Stone, Williard E. (Hrsg.): Foundations of Accounting Theory. Gainesville, S. 90-104.

Torklus, Alexander von (2007): Rückstellungen nach internationalen Normen. Eine theoretische und empirische Analyse. Düsseldorf.

Trumbull, Wendell P. (1963): When is a liability? In: The Accounting Review, Vol. 38, S. 46-51.

Vattenfall Europe AG (Hrsg.) (2007): Geschäftsbericht 2007. Berlin. URL: http://www.vattenfall.de/www/vf/vf_de/Gemeinsame_Inhalte/DOCUMENT/154192vatt/Finanzen/P02145280.pdf

Wagenhofer, Alfred (2005): Internationale Rechnungslegungsstandards – IAS/IFRS. Grundkonzepte. Bilanzierung, Bewertung, Angaben. Umstellung und Analyse. 5. Auflage, Frankfurt.

Wagenhofer, Alfred/Ewert, Ralf (2007): Externe Unternehmensrechnung. 2. Auflage, Berlin, Heidelberg, New York.

Wielenberg, Stefan/Blecher, Christian/Puchala, Andrzej (2007): Die Reform der Bilanzierung von Non-Financial Liabilities: Eine systematische Auswertung der Kommentare zum ED IAS 37. In: Kapitalmarktorientierte Rechnungslegung, 7. Jg., S. 453-459.

Wüstemann, Jens (2004): Bilanzierung Case by Case. Lösungen nach HGB und IAS/IFRS. Heidelberg.

Zülch, Henning/Willms, Jesco (2005): Rückstellungen für Entsorgungs-, Wiederherstellungs- und ähnliche Verpflichtungen: Umstellung von HGB auf IFRS. In: Der Betrieb, 58. Jg., S. 1178-1183.

Verzeichnis der Stellungnahmen

Deloitte (Hrsg.) (2005): Exposure Draft. Proposed Amdendments to IAS 37 Provisions, Contingent Liabilities and Contingent Assets. London. URL: http://www.iasb.org/NR/rdonlyres/09B64FC2-2EAB-48D2-87F8-B218C50F46BC/0/Liabilitiescommentletters140.zip

DRSC (Hrsg.) (2005): ED IAS 37amend – Non-financial Liablities. ED IAS 19 – Employee Benefits. Berlin. URL: http://www.iasb.org/NR/rdonlyres/09B64FC2-2EAB-48D2-87F8-B218C50F46BC/0/Liabilitiescommentletters140.zip

EFRAG (Hrsg) (2005): Re: ED of Proposed Amendments to AIS 37 Provisions, Contingent Liabilities and Contingent Assets and IAS 19 Employee Benefits. Brüssel. URL: http://www.iasb.org/NR/rdonlyres/F7EC853E-1775-4397-9711-6447A8696D21/0/Liabilitiescommentletters81123.zip

Ernst & Young (Hrsg.) (2005): IASB's Exposure Draft of Proposed Amendments to IAS 37 Provisions, Contingent Liabilities and Contingent Assets and IAS 19 Employee benefits. London. URL: http://www.iasb.org/NR/rdonlyres/7BB75D52-68D9-477B-BA2E-25175D2FC92F/0/Liabilitiescommentletters4180.zip

IDW (Hrsg.) (2005): Re.: Exposure Draft of Proposed Amendments to IAS 37 Provisions, Contingent Liabilities and Contingent Assets and IAS 19 Employee Benefits. Düsseldorf. URL: http://www.iasb.org/NR/rdonlyres/7BB75D52-68D9-477B-BA2E-25175D2FC92F/0/Liabilitiescommentletters4180.zip

KPMG (Hrsg.) (2005): Exposure draft of proposed amendments to IAS 37 Provisions, Contingent Liabilities and Contingent Assets and IAS 19. London. URL: http://www.iasb.org/NR/rdonlyres/7BB75D52-68D9-477B-BA2E-25175D2FC92F/0/Liabilitiescommentletters4180.zip

PWC (Hrsg.) (2005): Exposure Draft of Proposed Amendments to IAS 37 Provisions, contingent liabilities and contingent assets and IAS 19 Employee Benefits ("exposure draft"). London. URL: http://www.iasb.org/NR/rdonlyres/7BB75D52-68D9-477B-BA2E-25175D2FC92F/0/Liabilitiescommentletters4180.zip

RWE (Hrsg.) (2005): ED IAS 37amend "Non-financial Liabilities". ED IAS 19amend "Employee Benefits". Essen. URL: http://www.iasb.org/NR/rdonlyres/F7EC853E-1775-4397-9711-6447A8696D21/0/Liabilitiescommentletters81123.zip

SAP (Hrsg.) (2005): SAP's comment on the ED of proposed amendments to IAS 37 Provisions, Contingent Liabilities and Contingent Assets. Walldorf. URL: http://www.iasb.org/NR/rdonlyres/7BB75D52-68D9-477B-BA2E-25175D2FC92F/0/Liabilitiescommentletters4180.zip

Stichwortverzeichnis

A

Abschreibung 84
Abzinsung 69–74
accruals 36
Adressaten 21
Alimentationsthese 26
Anpassung der Rückstellungshöhe 83
Ansatz 43–59
Ansatzkriterien 35
Anschaffungskostenmodell 84–88
Asset-/Liability-Theorie 24
Auflösung von Rückstellungen 84

B

Barwert 69–70
Begriff der Rückstellung 23
best estimate 60–62
    Definition 60
    Entsorgungs- und
        Wiederherstellungsverpflichtungen 64
    Ermittlungsmethoden 60
Bewertung
    bei erstmaligem Ansatz 60–78
    Folgebewertung 83–92
Bilanztheorien 24

C

contingency 40
contingent liability 37, 40

E

ED IAS 37
Anwendungsbereich 38–40
Entstehung 31
Einzelverpflichtung 42, 56, 60, 62
Entscheidungsnützlichkeit 22, 93
Entsorgungs- und
    Wiederherstellungsverpflichtungen
    Aktivierung 78–83
    Ansatz 51, 58, 59
    Bewertung bei erstmaligem Ansatz 64,
        68, 73, 76
    Entstehen 78
    Folgebewertung 84–92
Entsorgungsfonds 77–78
Ereignis
    vergangenes 46
    verpflichtendes 46
Ermessensspielräume 41, 44, 51, 61, 64,
    93–95
Erstattungsansprüche 74–78
Erwartungswert 62–64
Eventualverbindlichkeiten 37

G

Gesetzesänderungen 49, 52, 67, 68
Gläubigerschutz 27

I

IAS 16 33, 78–83, 88, 101
IAS 37
    Anwendungsbereich 33–34
    Entstehung 30
    Rückstellungsbegriff 34–36
IFRIC 1 34, 86
IFRIC 5 34, 77

Inanspruchnahme 53–58

K

Kaufkraftäquivalenz 71
Kernkraftwerke 17, 58, 65, 84
Komponentenansatz 82
Konvergenz 100
künftige Ereignisse 67–69

L

Liabilities-Projekt 30–31
  Überarbeitung 31
  Ziele 30
liability 39

N

Neubewertungsmodell 88–91
non-financial liability 39

P

Passivierungsbedingungen 34
Periodenabgrenzung 22, 25, 27, 47
Preisänderungen 67, 69

R

Realisationsprinzip 27
Rechnungslegungsgrundsätze 22
Rechnungslegungsziele 21–22
Relevanz 93, 99
Ressourcenabfluss 54
Revenue-/Expense-Theorie 25
Risikoberücksichtigung 61, 66, 70, 73, 94, 98

S

Sammelverpflichtung 54, 60
Schätzbarkeit 58–59
Schätzungsänderungen 83, 86, 88, 102
Schulden 34
  abgegrenzte 36
  sonstige 36
Stand-ready-Verpflichtungen 56

U

Unentziehbarkeit 46–49
Unsicherheit 35

V

Veräußerungsgewinne 74–78
Vergleichbarkeit 99
Verlässlichkeit 99
Verpflichtung
  faktische 43
  gegenwärtige 43–46
  rechtliche 43
  unbedingte 54–58
Verständlichkeit 94
Vorratsvermögen 101
Vorsichtsprinzip 27, 41, 61, 94

W

Wahrscheinlichkeit 40–43, 53–54, 95–99
Wesentlichkeitsthese 26

Z

Zinssatz 70–72
Zuverlässigkeit 93

Schriftenreihe der  MEYER STIFTUNG

Herausgegeben von Prof. Dr. Claus Meyer

Band 1: Sybille Molzahn, Die Bilanzierung der betrieblichen Altersversorgung nach HGB und IFRS, 2., überarb. u. erw. Aufl. 2007, ISBN 978-3-89673-432-7

Band 2: Paul Pronobis, Das Umsatzkostenverfahren im internationalen Vergleich. Beschreibung des Aufbaus sowie der einzelnen Posten nach HGB, IFRS und US-GAAP, 2007, ISBN 978-3-89673-425-9

Band 3: Veronika Trauth, Sukzessive Unternehmenserwerbe/-veräußerungen im Konzernabschluss nach IFRS. Darstellung, Würdigung, Beispiele, 2007, ISBN 978-3-89673-433-4

Band 4: Patrick Krauß, Publizität von Abschlussprüferhonoraren bei kapitalmarktorientierten Unternehmen. Zielsetzung und Wirkung der Regelungen im Bilanzrechtsreformgesetz, 2008, ISBN 978-3-89673-446-4

Band 5: Jürgen Halter, Werthaltigkeitsprüfung von zahlungsmittelgenerierenden Einheiten nach IAS 36. Darstellung und konzeptionelle Kritik unter besonderer Berücksichtigung des Nutzungswerts, 2008, ISBN 978-3-89673-468-6

Band 6: Carolin Schwarz, Kaufpreisvereinbarungen im Rahmen von Unternehmensakquisitionen und deren bilanzielle Behandlung nach IFRS, 2008, ISBN 978-3-89673-490-7

Band 7: Friederike Maier, Rückstellungen nach IFRS. Kritische Analyse und aktuelle Entwicklungen unter besonderer Beachtung von Entsorgungs- und Wiederherstellungsverpflichtungen, 2009, ISBN 978-3-89673-515-7

Printed by Libri Plureos GmbH
in Hamburg, Germany